KB215092

복잡성 사고 입문

Introduction à La Pensée Complexe

by Edgar Morin

Copyright©Éditions du Seuil (Paris), 2005

First edition©ESF éditeur, 1990

Korean Translation Copyright©ECO-LIVRES Publishing Co., 2012.

All rights reserved.

Korean edition is published by arrangement with Les Éditions du Seuil (Paris)

through Bestun Korea Agency, Seoul, Korea.

All rights reserved.

복잡성 사고 입문

초판 1쇄 인쇄일 2012년 1월 17일   초판 1쇄 발행일 2012년 1월 20일

지은이 에드가 모랭 | 옮긴이 신지은
펴낸이 박재환 | 편집 유은재 이정아 | 관리 조영란
펴낸곳 에코리브르 | 주소 서울시 마포구 서교동 468-15 3층(121-842) | 전화 702-2530 | 팩스 702-2532
이메일 ecolivres@hanmail.net | 출판등록 2001년 5월 7일 제10-2147호
종이 세종페이퍼 | 인쇄·제본 상지사

ISBN 978-89-6263-062-6 94300
ISBN 978-89-6263-033-6 (세트)

책값은 뒤표지에 있습니다.   잘못된 책은 구입한 곳에서 바꿔드립니다.

부산대학교 한국민족문화연구소
로컬리티 번역총서 L7

Introduction à La Pensée Complexe

에드가 모랭 지음 | 신지은 옮김

복잡성 사고 입문

예름

이 번역 총서는 2007년도 정부 재원(교육과학기술부 인문학진흥방안 인문한국지
원사업비)으로 한국연구재단의 지원을 받아 연구되었음(NRF-2007-361-AL0001).

서문

우리는 사유의 모호함과 난해함을 없애고 실재의 질서와 명료함을 추구하며, 실재를 지배하는 법칙을 밝힐 것을 당당히 요구한다. 복잡성이라는 단어는 우리가 처한 곤란함과 불명료함, 즉 간단히 정의하는 것과 분명하게 이름 붙이는 것, 우리의 생각에 질서를 부여하는 것이 불가능하다는 사실을 의미한다.

또한 사람들은 흔히 과학적 인식이란 현상의 단순한 질서를 밝혀내기 위해 현상의 명백한 복잡성을 제거하는 임무를 띠고 있다고 오랫동안 생각해왔다. 하지만 지식을 단순화하는 방식이 그 지식이 고려하는 현실이나 현상을 제대로 표현하기보다는 손상시킨다면, 현실이나 현상을 해명하기보다는 오히려 맹목으로 몰아넣는다면, 이런 문제를 제기할 수 있다. 단순화하지 않는 방식으로 어떻게 복잡성을 설명할 것인가? 그런데 이 문제는 매개 고리 없이는 제기될 수 없다. 복잡성이라는 단어는 자신을 지지

해주는 철학적이고 과학적이며 인식론적인 고귀한 유산이 없기에 스스로 정당성을 증명해야 한다.

반대로 복잡성이라는 단어에는 불명료성, 불확실성, 무질서가 내포되어 의미론 차원의 커다란 결함이 있다. 일단 복잡성을 정의한다 해도 그 무엇도 해명해줄 수 없다. 하나의 중심 단어로 요약될 수 없고, 하나의 법칙으로 귀착될 수 없으며, 하나의 단순한 생각으로 환원될 수 없는 것은 복잡하다. 다시 말해 복잡한 것은 복잡성이라는 단어로 요약될 수 없으며, 복잡성의 법칙으로 귀착될 수도 없고, 복잡성이라는 생각으로 환원될 수 없다. 복잡성은 단순한 방식으로 정의될 수 없을뿐더러 단순성의 자리를 차지할 수도 없다. **복잡성은 문제를 제기하는 단어이지 문제를 해결하는 단어가 아니다.**

복잡성 사고의 필요성을 이 서문에서 정당화할 수는 없다. 단순화하는 사유의 한계와 불충분함, 결함 등이 드러나고 우리가 복잡한 것의 도전을 피할 수 없는 상황이 드러나면서 복잡성 사고는 점차 필요해진다. 그다음으로 서로 다른 복잡성이 존재하는지, 이 복잡성을 복잡성들의 복잡성으로 묶을 수 있는지 자문해야 한다. 마지막으로 복잡성의 도전에 대응할 사유의 방식을 살펴봐야 한다. 이제 실재를 통제하고 제어하려는 단순성 사고라는 야심을 버려야 한다. 실재와 교섭하고 대화하고 협상하는 사유를 훈련해야 한다.

복잡성 사고를 단념하게 하는 두 가지 환상을 제거해야 한다. 첫 번째 환상은 복잡성이 단순성을 제거한다고 믿는 것이다. 복잡성은 물론 단순화하는 사유가 물러나면 나타나지만, 인식의 질서를 포착·판별하며 분명하게 하는 모든 것을 그 안에 통합한다. 단순화하는 사유는 실재의 복잡성을 분해하는 데 반해, 복잡성 사고는 단순화하는 사유의 방법을 가능한 한 통합한다. 그렇지만 복잡성 사고는 절단하고 환원하고 일차원적으로 만드는 단순화의 맹목적인 결과를 거부한다. 이 단순화는, 현실 속에 존재하는 실재를 자신이 반영한다고 주장한다.

두 번째 환상은 복잡성과 완전성을 혼동하는 것이다. 분명 복잡성 사고는 분리하는 사고가 끊어놓은 학제 간 영역의 마디를 고찰하겠다는 야심이 있다. 분리하는 사고는 단순화 사고의 중대한 특징 중 하나이다. 분리하는 사고는 분리한 것을 따로따로 다루며, 연결하고 통합하고 경합하는 모든 것을 은폐한다. 이런 의미에서 복잡성 사고는 다차원적 지식을 열망한다. 하지만 복잡성 사고는 처음부터 복잡한 지식이 불가능하다는 사실을 안다. 복잡성의 공리 중 하나는 이론에서조차 전지성(全知性)이 불가능하다는 것이다. 복잡성 사고는 '전체는 비(非)진리이다'는 아도르노의 말을 모토로 삼는다. 복잡성 사고는 불완전성과 불확실성의 원칙을 인정한다. 하지만 개체 간의 관계도 인정한다. 우리의 사유는 이 개체를 당연히 구별해야겠지만 서로 분리해선 안 된다. 파스칼은 "모든 사물은 무엇인가에 의해 야기되면서 무엇인가를 야기하고, 도움을 받으면서 도와주고, 간접적이면서 직접적이다. 가장 멀리 떨어져 있고 가장 상이한 것을 연결하는 자연적이고 눈에 띄지 않는 관계가 모든 사물을 유지하고 있다"고 정확히 가정했다. 마찬가지로 복잡성 사고는 단편적이지도 세분화되지도 환원되지도 않는 지식에 대한 열망과, 모든 지식은 미완성이고 불완전하다는 인식 사이에서 일어나는 끊임없는 긴장에 고무된다.

이 긴장이 내 삶 전체를 고무했다.

살아오는 동안 나는 결코 체념에 빠져 분할된 지식을 받아들일 수 없었고, 연구 대상을 그것의 맥락과 선례, 변화에서 분리할 수 없었다. 나는 언제나 다차원적인 사유를 열망했다. 그리고 결코 내적 모순을 제거할 수 없었다. 나는 적대적인 심오한 진리를 적대적이면서 상보적인 것으로 여겼다. 나는 결코 불확실함과 모호함을 억지로 축소하고 싶지 않았다.

나는 초기에 쓴 책에서부터 복잡성에 직면했다. 이 복잡성은 상당히 이질적으로 보이는 내 연구들의 공통분모였다. 하지만 복잡성이라는 단어 자체가 내 머리에 떠올랐던 것은 아니었다.

1960년대 말이 되어서야 복잡성은 정보 이론, 사이버네틱(원래는 조타술을 의미하는 그리스어에서 유래한 것으로, 생명체나 기계의 제어와 통신을 연구하는 학문이다. 현재 '제어학'이 번역어로 제시되고 있다—옮긴이), 시스템 이론, 자기조직 개념 등에 실려 내 연필 끝으로, 내 컴퓨터 자판 위로 왔다. 복잡성이라는 단어는 복잡함, 불명료함이라는 평범한 의미를 제거했고, 질서와 무질서, 조직을 연결하고, 조직 안에서는 일자(一者)를 다수와 연결하는 데 사용되었다. 이 개념은 상보적이면서 적대적인 방식으로 작동했다. 또 무리를 이루어 상호작용하면서 복잡성이라는 개념이 형성되고 확대되고 갈래가 퍼져나갔다. 그리고 내가 다루는 주제의 주변부에서 중심으로 이동했다. 복잡성은 경험주의적, 논리적, 합리적인 것들의 관계라는, 이른바 '고르디아스의 매듭'을 묶는 거대 개념이 되었다. 이 과정은 1970년에 시작된 《방법》의 준비 작업과 일치한다. 내 책 《잃어버린 패러다임》(1973)에서 복잡한 조직, 심지어 최고도로 복잡한 조직은 공공연하게 중심 기획이 되었다. 복잡성의 논리적 문제는 1974년에 발행된 논문인 〈복잡함의 너머, 복잡성〉의 주제가 되었다. 《방법》은 사실 복잡성의 방법이었다.

다양한 텍스트[1]를 정리해서 엮은 이 책은 복잡성이라는 문제 제기에 대한 입문서이다. 만일 복잡성이 세계를 여는 열쇠가 아니라 맞서야 하는 도전이라면, 복잡성 사고는 도전을 피하거나 제거하지 않는다. 오히려 그것을 찾아내고 심지어 뛰어넘도록 도울 것이다.

에드가 모랭

차례

맹목적 지성 [*]

의 식 화

우리는 물리학적, 생물학적, 심리학적, 사회학적 세계에 관한 상상을 초월하는 지식을 얻었다. 과학 덕분에 경험적이며 논리적인 검증법이 점점 더 폭넓게 확산됐다. 이성의 빛은 신화와 암흑을 정신의 최하층으로 밀어 넣었다. 그럼에도 도처에서 오류와 무지, 맹목은 우리의 지식 증대와 더불어 커져갔다. 따라서 우리에게는 급진적인 의식화가 필요하다.

[*] 이 글은 1984년 조지 오웰(Georges Orwell) 학술대회 '신화와 현실'에 기고한 글에서 발췌한 것이다. 이 기고문은 과학·예술·문화 유럽 재단과 유럽회의가 공동 주관하여 《빅 브러더, 친밀한 낯선 자》라는 책으로 편찬되었고, 로장스티엘(F. Rosenstiel)과 쇼암(Shlomo Giora Shoham)이 이 책의 서문을 썼다(L'Age d'homme, 1986, pp. 269-274).

1. 오류의 심층 원인은 사실이나 논리 자체가 아니라 지식을 이론이
   나 이데올로기처럼 체계적으로 조직화하는 방식에 있다.
2. 과학 자체의 발전과 관련해 새로운 무지가 나타났다.
3. 이성의 오용과 관련된 새로운 맹목이 생겨났다.
4. 인류가 초래하는 가장 심각한 위협은 맹목적인 지식과 이를 통제
   하지 못하는 진보, 말하자면 핵무기 · 질서 조작 · 생태계 훼손 등
   과 연관이 있다.

   이러한 오류와 무지, 맹목, 위험은 공히 실재의 복잡성을 인정
하지도 이해하지도 못하는, 인식을 조직화하는 분절적인 방식에
서 기인한다.

지식의 조직화 문제

모든 지식은 의미 있는 자료 선택을 통해 생겨나며 의미 없는 자
료는 거부된다. 나누고 묶고 위계화하며 중심화하는 논리 작용
은 사실 사유 또는 **패러다임**을 조직화하는 초(超)논리 원칙, 즉 사
물과 세계에 대한 우리의 통찰력을 지배하지만, 우리는 의식하
지도 못하는 불가사의한 원칙에 따른다.

마찬가지로 프톨레마이오스의 천동설에서 코페르니쿠스의 지동설로 이행하는 불명확한 순간에, 이 두 학설은 자료를 취사선택하는 원칙을 결정하는 데서 처음으로 대립했다. 천동설을 주장하는 자들은 자기들의 세계상을 설명하지 못하는 자료는 의미 없다고 거부한 반면, 다른 사람들은 지동설을 수용하기 위해 오히려 그 자료를 근거로 삼았다. 지동설은 별자리 같은 과거의 학설과 동일한 구성요소를 포함했으며 종종 옛날 계산 방식도 이용했다. 하지만 세계에 대한 모든 사고방식은 변해야 했다. 기존 중심이었던 지구가 이제는 주변 요소로 밀려나고, 반대로 주변 요소였던 태양이 중심으로 들어왔기 때문이다.

이제 우리 시대의 인류-사회 문제를 예로 들어보자. 예컨대 소비에트 사회주의 공화국 연방의 집단수용소인 굴락(Goulag) 말이다. **사실상** 그 필요성이 인정되었다 해도 굴락은 소련이 사회주의를 건설하던 초기, 자본주의에 포위된 어려운 상황의 산물로 이차적이고 일시적인 부정적 현상이었다. 따라서 굴락은 소비에트 사회주의 시스템의 변두리로 여겨졌다. 반대로 어떤 사람들은 굴락을 전체주의적 본질을 드러내는 사회주의 시스템의 중심핵으로 간주했다. 중심화, 위계화, 분리 및 동일시화가 작동함에 따라 사람들은 소비에트 사회주의 시스템의 통찰이 굴락 때문에 전적으로 변질되었다고 생각했다.

이 예를 통해 우리는 '소비에트 사회주의 공화국 연방' 같은 현상을 사유하는 일이 대단히 어렵다는 사실을 알 수 있다. 이는 우리의 편견, '열정', 이해관계가 생각의 이면에서 작동하고 있기 때문이 아니라, 이 문제의 복잡성을 이해할 수 있는 수단이 없기 때문이다. 사회주의라는 개념과 집단수용소라는 개념이 서로 이질적으로 여겨져 분리되는 **선험적** 분리와 마찬가지로, '소비에트 사회주의 공화국 연방'이라는 개념을 굴락으로 환원하는 **선험적** 동일시도 피해야 한다. 즉 일차원적이고 추상적인 통찰을 피해야 하는 것이다. 이를 위해 우리는 인식을 절단하고 실재를 왜곡하는 패러다임의 성격과 결과를 우선 알아야 한다.

지 식 의   병 리 학 ,   맹 목 적   지 성

우리는 **분리, 환원, 추상화** 원칙의 지배를 받으며 살고 있다. 이 원칙들은 내가 '단순화 패러다임'이라고 부르는 것을 구성한다. 데카르트는 마음(ego cogitans)과 물질(res extensa), 즉 철학과 과학을 구분하면서, 그리고 '명석판명한' 생각, 즉 그 자체로 분리된 사유를 진리의 원칙으로 삼으면서 서구의 중심 패러다임을 공식화했다. 17세기 이래로 서구사상의 모험을 통제해온 이 패러다임은 과학적 인식과 철학적 성찰의 거대한 진보를 이끌었으며, 그 해악은 20세기가 되어서야 드러나기 시작했다.

마음과 물질의 분리는 과학적 인식과 철학적 성찰의 소통을 저해하면서 마침내 과학의 자기 인식 및 성찰, 심지어 자기 이해 가능성마저 박탈해버렸다. 게다가 이러한 분리 원칙은 과학 지식의 커다란 세 영역, 즉 물리학, 생물학, 인문학을 극단적으로 분리했다.

이러한 분리를 개선하는 유일한 방법은 또 다른 단순화, 즉 복잡한 것을 단순한 것으로 환원하는 것, 예컨대 생물학적인 것을 물리학적인 것으로, 인문학적인 것을 생물학적인 것으로 환원하는 방법이었다. 게다가 이러한 초(hyper)전문화는 현실의 복잡한 망을 찢고 조각내야 했으며, 실재의 추상적인 분할을 실재 그 자체라고 믿게 해야 했다. 또 과학적 인식의 전통적 이상에 따르면 현상의 명백한 복잡성 이면에 있는 완벽한 절대 질서를 발견해야 했다. 이 완벽한 절대 질서는 우주와 같은 불멸하는 기계의 규칙을 정하는데, 이 기계는 목적과 시스템에 따라 다양한 극소 요소(원자들)로 결합되었다.

그러한 지식, 더불어 지식의 정확성과 작동 가능성은 필연적으로 척도와 계산에 기인했다. 그러나 거듭되는 수학적 처리와 형식화는, 수량화된 실체를 지배하는 공식과 방정식만을 유일한 현실로 고려하여 존재와 존재자를 분해해버렸다. 마지막으로 단순화하는 사유는 하나와 다수의 결합〔하나이자 여럿, 여럿이자 하나(unitas multiplex)〕을 이해할 수 없었다. 또는 다양성을 무력화하면서 추상적으로 결합했다. 혹은 반대로 통일성을 이해하지 못한 채 다양성을 그저 늘어놓기만 했다.

이렇게 해서 사람들은 맹목적 지성을 추구하게 되었다. 맹목적 지성은 조화와 통일성을 파괴하고, 주위의 모든 대상을 분리한다. 그리고 관찰자와 관찰 대상의 분리 불가능한 관계를 이해하지 못한다. 중요한 현실들은 분해되어 있다. 이 중요한 현실은 분과 학문을 가르는 경계를 가로지른다. 인문학의 분과 학문에서는 더 이상 인간이라는 개념이 필요하지 않다. 따라서 맹목적인 현학자들은 인간이란 실존적으로 허황된 환영 같은 존재일 뿐이라는 결론을 내린다. 매체들이 수준 낮은 우민화를 조장하는 반면, 대학은 수준 높은 우민화를 장려한다. 지배적인 방법론은 몽매함을 양산한다. 왜냐하면 분리된 지식 요소들은 더 이상 결합되지 못하고 우리는 해당 요소들을 자신의 흔적으로 간직하거나 성찰할 수 있는 능력이 없기 때문이다.

우리는 인식의 놀랄 만한 변화에 접근했다. 인식이란 이제 더 이상 인간 정신이 성찰하고 논의하는 대상이 아니다. 그것은 점차 국가와 같은 익명의 권력에 의해 조작되고 정보와 관련된 기억 속에서 흔적으로만 남겨지는 것이 되었다. 그런데 이 대대적이고 경이로우며 새로운 무지에 학자들은 무관심하다. 자신들의 발견 결과를 실질적으로 통제하지 않는 학자들은 자신이 수행하는 연구의 의미와 성격을 지적인 측면에서조차 통제하지 않는다.

인간의 문제는, 무지한 전문가들을 양산해내는 과학적 몽매함에만 있는 것이 아니라, 전문성을 독점했다고 주장하는 아둔한 교리들, 예컨대 알튀세르 식 마르크스주의에 따르자면 자유경제 관료주의에도 있다. 그리고 마치 진리가 열쇠만 있으면 열 수 있는 금고 속에 들어 있는 것인 양 모든 문을 다 열 수 있다고 주장할 정도로 한심한 만능열쇠 같은 몇몇 핵심 아이디어도 마찬가지로 문제다. 그리고 입증되지 않은 일반 지식은 편협한 과학만능주의와 다르지 않다.

불행히도 일차원적이고 절단적인 사고방식은 인간 사회에서 벌어지는 현상들 속에서 가혹한 대가를 치른다. 즉 절단은 살을 자르고, 피를 쏟게 하고, 고통을 일으킨다. 인류-사회 현실의 복잡성을 수용하지 못하면, 개인이라는 극소 차원과 인류가 생존하는 지구 전체라는 극대 차원 속에서 무한한 비극에 이르고, 우리는 극한의 비극으로 끌려간다. 사람들은 정치는 모든 것을 단순하게 만들고 이원론적인 것이 '되어야 한다'고 말한다. 맹목적인 충동을 이용하는 조작 정치를 구상한다면, 그것은 분명 사실이다. 하지만 정치 전략을 세우려면 복잡한 인식이 필요하다. 왜냐하면 전략은 불분명하고 우연한 것, 상호작용과 반작용의 다양한 움직임과 함께 혹은 그것들에 반해 작동하면서 추진되기 때문이다.

복 잡 성   사 고 의   필 요 성

복잡성이란 무엇인가? 복잡성은 분리될 수 없도록 연결된 이질적인 요소로 구성된 망, 즉 함께 짜인 **복합체**(complexus)이다. 또한 복잡성은 실제로 우리의 현상 세계를 구성하는 사건, 행동, 상호작용, 반작용, 결정, 돌발적인 것 등으로 구성된 하나의 망이다. 그렇다면 복잡성은 뒤죽박죽, 뒤얽힘, 무질서, 모호함, 불분명함 등 온갖 불안정한 특성들과 함께 제시된다. 바로 여기에서 무질서를 몰아내면서 질서를 잡고, 불확실한 것을 몰아낼 확실한 지식이 필요해진다. 즉 질서 있고 확실한 요소를 선택하고, 모호한 것을 제거해 명확하게 만들고, 구별하며 위계화할 필요성이 생겨난다. 하지만 명료함을 추구하는 작업은 복합체의 다른 특성들을 제거하는 순간 맹목적인 것이 되어버린다. 그리고 우리를 맹목적으로 만들어버리기도 한다.

그런데 복잡성은 과학에서 쫓겨났던 방법으로 우리에게 되돌아왔다. 세계의 완전무결한 절대 질서, 절대적이고 영속적인 결정론, 유일한 절대 법칙에 대한 복종, 가장 단순한 방식으로 된 구성(원자)을 밝혀내는 데 전념했던 물리학의 발전은 결국 실재의 복잡성에 이르렀다. 사람들은 물리적 세계 속에서 파괴와 무질서의 출현 원칙, 예컨대 '열역학 제2법칙'을 발견했다. 그다음에 물리적·논리적 단순성이 있으리라고 예측된 곳에서 미시물리학의 극단적 복잡성을 발견했다. 소립자는 근원적인 하나의 조각이 아니라, 아마 인간이 이해하지 못할 복잡성의 경계일 것이다. 우주는 그 자체로 완벽한 기계가 아니라, 분해하는 동시에 조직화하는 하나의 과정이다.

　마지막으로 삶은 하나의 실체가 아니라, 자율성을 생산해내는 극단적으로 복잡한 자기환경조직 현상임이 분명하다. 따라서 인류-사회적 현상은 자연현상을 해석하기 위해 만들어낸, 덜 복잡하고 명료한 원칙을 따르지 않는다는 것은 확실하다. 우리는 인류-사회적 복잡성을 파기하거나 은폐하지 말고 그것을 똑바로 보아야 한다.

　복잡성 사고가 어려운 이유는, 이 사유는 다양한 현상들이 서로 뒤죽박죽 섞여 있는 상태(상호작용-반작용하는 끝없는 움직임), 서로 연결되어 있는 상태, 흐리멍덩한 것, 불확실한 것, 모순된 것

등에 맞서야 하기 때문이다. 그런데 우리는 이 모험을 위해 몇몇 개념 도구와 원칙을 고안해낼 수 있다. 그리고 명백히 드러나야 할 새로운 복잡성 패러다임의 양상을 어렴풋이 볼 수 있었다.

이미 졸저 《방법》[1]의 제1, 2권에서 우리가 사용할 수 있는 몇몇 개념 도구를 언급했다. 예를 들면 분리 · 환원 · 일차원화의 패러다임을 분리하지 않으면서 구별해주고 동일시하거나 환원하지 않으면서 결합하는 구별 · 결합의 패러다임으로 대체해야 한다. 이 패러다임은 **실제의** 한계(모순의 문제)와 **원칙의** 한계(형식주의의 한계)를 고려하면서, 이 전통적인 논리를 통합하는 대화적이고 트랜스논리적인(translogique) 원칙을 포함할 것이다. 여기에서는 높은 차원의 추상적 통일성(전체론)과 낮은 차원의 추상적 통일성(환원주의)을 피하는 '**하나이자 여럿, 여럿이자 하나**'라는 원칙이 숨어 있다.

나는 여기서 내가 끌어내려 애썼던 복잡성 사고의 '명령들'을 열거하려는 것은 아니다.[2] 우리네 사유의 무능을 민감하게 여기고, 절단하는 사유는 필히 절단하는 행동에 이른다는 사실을 이해시키려는 것이다. 즉 사유의 현대적 병리학을 인식케 하는 것이다.

사유의 오래된 병리학은 사유가 창조해낸 신화와 신들에게 독립적인 삶을 부여해주었다. 정신의 근대 병리학은 실재의 복잡성을 보지 못하게 한 초(hyper)단순화 속에 있다. 반면 사유의 병리학은 이상주의 안에 있다. 이러한 이상주의 안에서 사유는 스스로 해석해야 하는 현실을 은폐하고, 오로지 자신만을 현실적인 것으로 만든다. 이론의 병은 교조주의와 독단주의로, 이는 이론을 이론 자체에 가두고 이론을 경직시킨다. 이성의 병리학은 합리화이다. 합리화는 정합적이긴 하지만 부분적이고 일방적인 사상의 시스템 속에 실재를 감금해버려, 실재의 일부가 비합리적임을, 또 합리성은 비합리적인 것과 대화해야 하는 의무가 있다는 사실을 알지 못하게 한다.

우리는 여전히 복잡성의 문제를 제대로 보지 못하고 있다. 이는 카를 포퍼(Karl Popper), 토머스 쿤(Thomas Kuhn), 임레 라카토스(Imre Lakatos), 폴 파이어아벤트(Paul Feyerabend) 사이의 인식론적 논쟁에서도 언급되지 않는다.[3] 그런데 이 맹목은 우리네 야만성의 일부이다. 그것 때문에 우리가 여전히 사상의 야만 시대에 살고 있음을 이해할 수 있다. 우리는 여전히 인간 정신의 선사시대에 살고 있다. 오직 복잡성 사고만이 우리 지식의 문명화를 도울 것이다.

2   복잡한 구상과 계획[*]

인문학에는 자연 속에 인간 현상을 뿌리내리게 하는 토대라든
가, 잘 알려진 다른 모든 자연현상과 인문학을 구별해주는 극단
적 복잡성을 이해하기에 적합한 방법이 없다. 인문학은 여전히
19세기 물리학의 기반으로 설명되며, 그 함축적인 이데올로기는
여전히 서구 기독교와 휴머니즘의 이데올로기, 즉 인간의 초자
연성에 머물러 있다. 여기서 사람들은 내 연구의 전개 과정을 이
해할 수 있다. 이는 외관상으로는 대립하고 적대적이지만 분리
될 수 없는 두 개의 선으로 된 운동이다. 이것은 분명 자연적 존
재에 인간을 다시 통합하는 운동으로, 인간을 자연적 존재로 환

---

[*] 이 글은 "과학과 복잡성(Science et complexité)"(*ARK'ALL Communications*,
vol. 1, fasc. 1, 1976)에서 발췌한 것이다.

원하지 않고 자연적 존재와 구별한다. 결론적으로 〔내 연구는〕 인간의 인식에 적합한 복잡성 이론, 논리, 인식론을 **동시에** 발전시키려 한다. 따라서 사람들은 여기에서 과학의 통일성과 고차원적인 인간의 복잡성에 관한 이론을 찾는다. 이는 뿌리 깊은 원칙으로, 그 뿌리는 새 잎이 돋을 때까지 점점 더 커진다. 따라서 나는 두 가지 적대적인 파벌의 밖에 있는 것이다. 하나는 차이를 단순한 통일성으로 이끌면서 차이를 분쇄하는 것이고, 다른 하나는 차이만 보기 때문에 통일성을 은폐하는 것이다. 그것들 밖에서 나는 양자택일을 넘어 각각의 진리를 통합하려 애쓴다.

나는 연구에 착수하면서 점차 양자택일을 넘어서기 위해서는 우리가 과학이라는 개념으로 이해하는 것을 연쇄적으로 재조직해야 한다는 사실을 확신할 수 있었다. 사실 근본적인 변화, 패러다임의 혁명이 필요하고 그것은 우리 가까이 와 있는 것처럼 보였다.

명백함은 이미 깊이를 잃었고, 무지의 평온함은 뒤흔들렸다. 일반적인 대안은 이미 절대성을 잃어버렸으며 다른 대안들이 구상되고 있다. 지식의 초석처럼 보였던 것이 균열되는 동안, 권위에 의해 은폐되고 무시되고 내팽개쳐졌던 것은 이미 어둠 속에서 빠져나왔다.

인 도 - 아 메 리 카

이런 의미에서 우리는 사람들이 생각하는 것보다 훨씬 더 진보
한 동시에 훨씬 더 뒤처져 있다. 최초로 아메리카 대륙을 발견했
지만 계속 그 땅을 인도라고 믿었던 것이다. 세계에 대한 우리의
이해에 생긴 균열은 크게 벌어졌을 뿐만 아니라, 이렇게 벌어진
부분을 통해 갑각류의 딱딱한 껍데기 또는 누에고치 안에서처럼
서로 연결되지 않은 조각, 주름지고 쪼그라진 새살, 새로운 형
태, 새로운 형식을 어렴풋이 엿보게 된다.

　이처럼 전통 과학의 인식론적 틀에는 두 가지 틈이 존재했다.
미시물리학의 틈은 주체와 객체의 상호 의존성, 인식에 개입하
는 우연, 물질 개념의 탈사물화, 경험적인 묘사에 침입하는 논리
적 모순 등을 드러냈다. 거시물리학의 틈은 그때까지는 이질적
이던 공간과 시간이라는 개념을 하나의 개체로 결합했고, 우리
가 인식하던 개념들이 빛의 속도로 끌려가버리자 이 개념들을
무력화했다. 하지만 사람들은 이 두 가지 틈이 우리 세계와는 전
혀 상관없는 듯 여겼다. 즉 하나는 너무나 작은 세계 속에 있고,
다른 하나는 너무나 큰 세계 속에 있는 것으로 생각했다. 우리
는, 세계에 대한 우리의 이해의 밧줄이 〔너무 큰 세계와 너무 작은 세
계라는〕 두 가지 무한에서 방금 끊어졌다는 사실을, 또 우리가

'중간 지대'에서 바다로 둘러싸인 섬의 단단한 땅 위에 있는 게 아니라 날아다니는 양탄자 위에 있다는 사실을 생각하지 않으려 했다.

이제 더 이상 단단한 땅은 존재하지 않고, '물질'은 더 이상 기본적이면서 단순하고 균일한 덩어리라는 실체가 아니다. 우리는 자연(physis)을 이 물질로 환원시킬 수 없다. 공간과 시간은 더 이상 절대적이면서 독립된 개체가 아니다. 물리적 기층을 구축하는 단순한 경험의 기초가 존재하지 않을뿐더러, 명석판명한 개념들, 양립하지도 모순적이지도 않고 엄밀하게 결정된 현실 같은 단순한 논리적 기초도 존재하지 않는다. 여기에서 중대한 결론이 나온다. 단순한 것, 예컨대 과학의 모델을 구축했던 전통물리학의 범주들은 더 이상 모든 사물의 토대가 아니다. 그것은 미시물리학의 복잡성과 거시천체물리학의 복잡성 사이에 있는 통로이자 계기이다.

시 스 템 이 론

시스템 이론과 사이버네틱은 불확실한 공통 지대에서 만난다. 원칙상 시스템 이론의 영역은 훨씬 더 넓으며 우주적이다. 왜냐하면 어떤 의미에서 원자부터 분자, 세포, 유기체, 사회를 거쳐 은하계에 이르기까지, 알려진 모든 현실은 시스템으로, 즉 상이한 요소들의 조합으로 이해될 수 있기 때문이다. 사실 시스템 이론은 루트비히 폰 베르탈란피(Ludwig von Bertalanffy)가 생물학을 성찰하는 데서 시작되어 1950년대부터 대단히 상이한 방향으로 덤불 모양으로 확산되었다.〔시스템 이론이란 하나의 시스템은 개별 요소의 단순한 집합체나, 개별 요소를 초월한 추상적 총체가 아니며, 상호 연관되는 개별 요소로 구성된 통일체라고 보는 입장이다. 시스템 이론은 1937년 오스트리아 이론생물학자 베르탈란피가 창시했다. 그는 당시까지 이론생물학의 주류를 이루던 기계론과 생기론을 분석해 그것의 한계를 극복하고자 유기체론이라는 생각을 발전시켜 생물학의 시스템 이론을 개발했다. 1950년대에는 여러 학문 분야를 통합하려는 관심이 급속히 확산되었는데, 이때 경제학자 케니스 볼딩(Kenneth Boulding)이 일반 시스템 이론을 체계적으로 정립했다. 이에 따라 시스템 이론은 열역학, 사이버네틱, 물리화학 등의 자연과학뿐만 아니라 사회학, 심리학, 정신병리학, 정치학, 역사학 등 모든 학문 분야에 적용된다고 이해되기 시작했다. 시스템 이론은 세계의 현상들이 서로 연관되어 있으며, 사회와 생태계 같은 조직체는 모두 살아 있는 시스템이라고 파악한다―옮긴이〕

시스템 이론은 외부 관찰자에게는 불확실한 양상을, 이 이론을 간파하는 사람에게는 적어도 세 가지 측면과 세 가지 모순된 방향을 드러낸다. 우선 복잡성의 원칙에 따르면 적용 범위가 넓은 시스템주의가 있다.[1] 또 전혀 효력이 없을 무미건조한 ('전체론적') 최초의 진리 몇 가지를 반복하는 데 기반을 두는 모호하고 평범한 시스템주의도 있다. 마지막으로 사이버네틱 **엔지니어링**과 시스템이 상응하는 **시스템 분석**이 있다. 그런데 이것은 훨씬 신뢰도가 떨어지는 것으로, 시스템주의를 정반대되는—**분석**이라는 용어가 가리키듯이—환원 작용으로 변형하는 것이다.

시스템주의는 무엇보다 사이버네틱(기계라는 개념에 의거하는 사이버네틱은 구체적이고 경험적인 자신의 기원을 추상적 관념 속에 보존하고 있다)과 마찬가지로 풍부한 측면이 있다. 시스템의 미덕은 다음과 같다.

a) 시스템이라는 개념을 내세워 소박한 기초 단위가 아니라 복잡한 단위, 즉 구성요소의 '합'으로 환원되지 않는 '전체'를 이론의 중심에 두었다는 것.

b) 시스템을 '실질적' 개념이나 순전히 형식적인 개념이 아니라 모호한 개념 또는 환영으로 이해했다는 것.

c) 과학 대상의 물질적 성격뿐만 아니라 결합·조직 현상의 복잡성과 형태에 따라 과학의 통일과 분화를 동시에 이해할 수 있게 해주는 학제간(transdisciplinaire) 연구 수준에 이르렀다는 것. 즉 시

스템 이론의 영역은 사이버네틱의 영역보다 폭넓을 뿐 아니라, 인식 가능한 모든 것으로 확대될 수 있다.

열 린 시 스 템

열린 시스템이란 원래 열역학 개념에서 비롯된 것이다. 이것의 첫 번째 특성은 닫힌 시스템 개념—즉 외부 에너지·물질 자원의 사용이 제한된 시스템—이 필요한 〔열역학〕 제2법칙이 적용되는 영역을 소극적으로 한정시킨다는 것이다. 그런데 〔열린 시스템에 대한〕 이러한 정의는 초의 불꽃, 다리 기둥 주변에서 움직이는 강의 소용돌이 같은 물리적 시스템이나, 그 존재와 구조가 외부에 의존하는 살아 있는 시스템을 고려하지 못하기 때문에 전혀 도움이 되지 않는다. 그리고 살아 있는 시스템에서 외부에서 공급되는 영양소란 물질과 에너지뿐 아니라 조직과 정보이기도 하다.

여기에는 다음과 같은 의미가 있다.

a) 열역학과 살아 있는 것에 관한 과학 사이에 다리가 구축되었다.

b) 새로운 생각이 도출된다. 이것은 평형·비평형의 물리적 개념들과 대립하고 이를 넘어서며, 어떤 의미에서는 그것들을 모두 포

함한다.

돌멩이나 탁자처럼 닫힌 시스템은 평형 상태이다. 즉 외부와 물질·에너지 교환은 영(0)이다. 반면 초의 불꽃이 지닌 항상성, 세포나 유기체의 내부 환경의 항상성은 그러한 평형과 아무런 관련이 없다. 여기에 영양을 공급하는 에너지의 흐름에는 비평형성이 있으며, 이런 흐름이 없다면 조직은 고장나고 급속히 소멸할 것이다.

첫 번째 의미에서 영양을 공급하는 비평형성은 시스템을 명백한 평형 상태, 즉 안정되고 지속적인 상태로 유지할 수 있게 해준다. 그리고 이 명백한 평형 상태는 시스템이 폐쇄되었을 때 악화될 수 있다. 이처럼 안정되어 있지만 취약한 상태—**정상 상태**(steady state: 유체의 흐름, 열과 물질 이동 등의 동적 현상에서 각각의 상태를 결정하는 여러 가지 상태량이 시간상 변하지 않을 때 이를 '정상 상태'라고 한다—옮긴이). 우리는 이 용어에 부합하는 프랑스어를 찾기 어렵기 때문에 영어 그대로 사용할 것이다—에는 역설적인 무언가가 있다. 즉 구성요소는 변한다 해도 구조는 그대로 유지된다. 소용돌이나 불꽃뿐 아니라 우리의 유기체도 바로 그런 식이다. 즉 유기체에서 분자와 세포는 끊임없이 새롭게 바뀌지만 전체는 겉으로 볼 때에는 안정적이고 정지되어 있다. 어떤 의미에서 시스템은 자기 구조와 내부 환경을 유지하려면 닫혀 있어야 하며 그러지 않으면 시스템의 구조와 내부 환경은 해체될 것이다. 하지만 이 닫힌 상태를 가능하게 하는 것이 바로 '열려 있음'이다.

구조의 유지와 구성요소의 변화가 뗄 수 없는 관계라고 가정할 때, 문제는 한층 더 흥미로워지고 우리는 살아 있는 존재의 핵심적이고 명백한 첫 번째 문제에 맞닥뜨린다. 그런데 이 문제는 과거의 물리학뿐 아니라 서구 데카르트주의 형이상학에서도 무시되고 은폐되었다. 과거의 물리학과 서구 데카르트주의 형이상학에서 모든 생명체는 **닫힌** 개체로 간주되었지 열린 상태 속에서 그리고 열린 상태를 통해 닫힘을 조직하는(즉 자율성을 가진) 시스템으로는 여겨지지 않았다.

따라서 열린 시스템이라는 생각에서 중심 결론 두 개가 도출된다. 첫 번째는 생명체 조직 법칙은 평형이 아닌 (만회되었거나 벌충된) 비평형, 안정화된 활력과 연관된다는 것이다. 우리는 앞으로 논의 과정에서 이 생각을 따라갈 것이다. 두 번째 결론은 훨씬 더 중요한데, 시스템 내부도 명료해야겠지만, 시스템이 환경과 맺는 관계도 명료해야 하며, 이 관계는 단순한 종속이 아니라 시스템의 구성요소라는 점이다.

따라서 현실은 열린 시스템과 환경의 구별 속에 있는 만큼이나 그 관계 속에도 있다. 이 관계는 인식론적이고 방법론적이며, 이론적이고 경험적인 구상에서 결정적인 역할을 한다. 논리적으로 시스템은 환경이 포함돼 있어야 이해될 수 있다. 이 환경은 시스템에 친밀하면서 낯설고, 시스템 외부이자 시스템의 일부이다.

열린 시스템을 근본적으로 분리할 수 있는 개체처럼 연구하기는 어려워졌다. 이론적으로나 경험으로나, 열린 시스템 개념은 진화론에 문을 열어주었다. 진화론은 오직 시스템과 환경 시스템이 상호작용한 결과일 뿐이고, 가장 조직적으로 도약하는 가운데 시스템이 메타 시스템으로 넘어가는 현상이라고 이해할 수 있다. 그때부터 문은 당연히 그 자체로 열려 있는 자기환경조직자 시스템 이론, 즉 살아 있는 시스템 이론으로 열린다. 복잡성을 향해 가는 진화는 열린 상태에서 벗어날 수 없고 오히려 이를 강화한다.

마지막으로 열린 시스템과 환경 시스템의 근본 관계는 물질과 에너지 차원이자 조직과 정보 차원의 관계다. 사람들은 환경 시스템 관계의 우연적이면서 결정된 특성을 이해하려 한다.

열린 시스템만큼이나 근본적인 생각이 이토록 늦게 국지적으로 떠오른다는 사실은 놀랍다. 이 생각은 지그문트 프로이트가 제시하기는 했지만 명시적으로 도출해내지는 않았다. 프로이트에게 자아는 이드와 초자아에 동시에 열린 시스템으로, 자아는 이드 또는 초자아로만 구성될 수 있고 이들과 모호하지만 근본적인 관계를 맺는다. 마찬가지로 문화인류학에서 개인성이라는 개념은, 문화로 열린 시스템이라는 의미를 내포한다. 그러나 불행히도 문화인류학에서 문화는 닫힌 시스템이다.

열린 시스템 개념은 계열논리적 가치가 있다. 마루야마 마고로(丸山孫郎)가 지적했듯 모든 사물과 개체가 닫혀 있다고 인식하면 분류적, 분석적, 환원적 세계 인식과 일원론적 인과성에 이른다. 이러한 사고방식은 17~18세기 물리학에서는 전형이 되었지만, 복잡성을 향해 진보하고 심도 있게 변화하면서 오늘날엔 힘을 잃어간다. 즉 열린 시스템 개념으로부터 인식론적 역전이 발생한 것이다. "세계가 다른 방식으로[분류적이지 않다고] 명시되지 않는 한, 분류적인 세계에 사는 사람들은 모든 시스템이 닫혀 있다고 인식하면서 행동한다."[2] 내가 보기에 쿠르트 괴델(Kurt Gödel)의 불완전성 정리는 모든 공리적 시스템에 틈을 내면서 이론과 논리를 열린 시스템으로 인식하게 해준다.

시스템 이론은 아주 다양한 요소를 혼합하면서 모은다. 이는 어떤 의미에서 문화의 훌륭한 온상이지만, 다른 의미에서는 혼돈이다. 하지만 이 문화의 온상은 이러한 다양성으로 대단히 생산적인 공헌을 했다.

시스템 이론은 사이버네틱과 방식은 약간 비슷하지만 상이한 영역에서 **중간 범위**로 움직인다. 한편 시스템 이론가들은 근본적으로 만능열쇠인 전체론에 만족하면서, 이제 막 시스템이라는 개념을 연구하기 시작했다. 다른 한편 자기조직과 복잡성의 측면은 전혀 연구하지 않았다. 열린 시스템 개념과 살아 있는 가장 기초적인 시스템의 복잡성 사이에는 개념적으로 거대한 공백이 있다. '위계'에 관한 베르탈란피의 테제는 이 공백을 메우지 못했다. 1976년 이후 복잡성 차원에서 주목할 만한 작업들이 많이 나왔다. 특히《일반 시스템 이론》(PUF, 1990 개정판)에 실린 장 루이 무아뉴(Jean-Louis Moigne)의 작업과, 이브 바렐(Yves Barel)의 저서《패러독스와 시스템》(PUG, 1979), 그리고 장 루이 뷔예름(Jean-Louis Vuillerme)의《정치 시스템의 개념》(PUF, 1989) 등이 있다.

마지막으로 시스템 이론은 점점 더 절박해진 필요성에 응답해야 했기에 두 가지 나쁜 측면을 안고 있는데, 하나는 기술주의[3]이고 다른 하나는 만능주의이다. 이는 모두 인문과학에서 발견할 수 있다. 과도한 보편적 추상화는 구체적인 것을 분리하고, 한 가지 모델을 형성하지 못한다. 하지만 과학의 통일성의 씨앗은 바로 거기에 있다는 사실을 잊지 말아야 한다. 우리는 시스템주의를 극복해야 하지만 또한 그것을 통합해야 한다.

정보 · 조직

우리는 이미 사이버네틱과 함께 정보 개념과 맞닥뜨렸다. 마찬가지로 시스템 이론과 함께 이 정보 개념에 맞닥뜨릴 수도 있을 것이다. 하지만 우리는 정보를 구성 성분이 아니라 자율적인 예비 검토를 촉구하는 이론으로 여겨야 한다.

정보는 핵심적이지만 문제를 일으키는 개념이다. 여기서 이 개념의 온갖 모호함이 발생한다. 사람들은 이에 대해 거의 아무 말도 할 수 없으며 건너뛸 수도 없다. 랠프 하틀리(Ralph Hartley) 와 클로드 섀넌〔Claude Shannon: 클로드 섀넌은 미국 전자통신 시대의 서막을 연 인물로, '디지털의 아버지'로 일컬어진다. 매사추세츠공과대학 (MIT)에서 전기공학과 수학을 공부했고, 1942년 벨전화연구소에 합류했다. 이때부터 커뮤니케이션 연구에 몰두해 1949년 동료인 워런 위버와 함께 현대 커뮤니케이션 이론의 고전으로 통하는 《커뮤니케이션의 수학 이론(The Mathematical Theory of Communication)》을 발표해 정보이론의 기초를 확립했다. 그는 최초로 0과 1의 이진법, 즉 비트(bit)를 통해 문자는 물론 소리와 이미지 등의 정보를 전달하는 방법을 고안했고, 그의 이론은 전화, 텔레비전, 컴퓨터 네트워크 등 정보통신의 핵심 원리를 제공했을 뿐 아니라, 유전자 분석 등 다양한 분야의 토대가 되었다—옮긴이〕, 워런 위버(Warren Weaver)는 정보에 주목했다. 여기에서는 메시지 전달이 관건이었고, 이는 커뮤니케이션 이론에 통합되었다. 그들은 한편으로 커뮤니케이션 측면에, 다른 한편으로는 통계 측면(이것은 정보를 지닌 이러저러한 기초 단위, **이진법**이나 **비트**가 출현할 가능성 또는 불가능성에 영향을 미친다)에 주목했다. 정보가 적용되는 첫 번째 영역은 그것이 출현한 영역, 즉 텔레커뮤니케이션이었다.

하지만 정보 전달은 사이버네틱과 함께 빠르게 조직의 의미를 띠게 되었다. 사실 정보를 지니고 있는 '프로그램'은 메시지를 컴퓨터로 전달하게 해줄 뿐이고, 프로그램은 컴퓨터에 몇 가지 작동을 명령한다.

이 이론을 휴리스틱(heuristic: '찾아내다', '발견하다'는 뜻의 그리스어에서 유래한 말이다. 이는 불확실하고 복잡한 상황에서 부딪치는 문제를 가능한 한 빨리 풀려고 사용하는 주먹구구, 직관적 판단, 경험과 상식에 바탕을 둔 단순하고 즉흥적인 추론을 뜻한다. 사실 이상적으로는 의사결정을 하기 전 다양한 변수를 고려해야 하지만, 현실적으로는 정보 부족 및 시간 제약으로 그렇게 하지 못한다. 이런 상황에서 가장 이상적인 해답을 찾기보다는 현실적으로 만족할 만한 수준으로 해답을 찾게 해주는 것이 바로 '휴리스틱'이다. 일반적으로 사용되는 휴리스틱 접근법은 분석 초기 단계에서는 모든 변수를 고려하지 않고 중요 변수만 고려하다가 점차 변수의 범위를 넓혀간다. 문제 상황을 여러 부문으로 나누고 이를 각각 분석한 다음 전체적인 관점에서 종합한다—옮긴이) 방식으로 생물학 영역에 확대 적용한다는 사실은 더욱 놀라웠다. 세포(혹은 유기체)의 자기 재생산은 유전물질이나 DNA 복제처럼 이해할 수 있다는 것이 확실해지자마자, DNA가 일종의 이중 사다리—이 사다리의 살은 준(準)화학기호로 만들어졌고, 그 기호 전체는 준(準)유전 메시지를 구축할 수 있다—를 구성한다는 사실을 이해하자마자 재생산은 메시지, 즉 커뮤니케이션 이론의 틀에 들어가는 송수신의 복사로 이해할 수 있게 된다. 사람들은 화학적 요소를 의미 없고 눈에 띄지 않는 음소(音素)나 알파벳 글자 같은 단위와 동일시할 수 있었다. 그리고 이 요소들이 결합되면서 의미를 갖춘 복잡한 단위가 되었다. 게다가 유전적 돌연변이는 메시지의 재생산을 방해하고 새로운 메시지를 구축하는데, 적어도 최초의 메시지와 관련해 오류를 일으키는 '잡음'과 동일시되었다. 동일한 정보 스키마가 세포의 기능 자체에 적용될 수 있었다. 세포가 기능할 때, DNA는 신진대사를 이끌어가고 지배하는 일종의 '프로그램'을 구축한다. 이렇게 해서 사이버네틱을 세포에 적용할 수 있었고, 이 사이버네틱 설명의 핵심 요소는 정보 속에 있었다. 여기에서 다시 한번 원래의 커뮤니케이션 이론은 조직 현실에 적용되었다. 그리고 이렇게 적용되면서 조직과 정보는 메모리, 메시지, 프로그램, 또는 **동시에 이 모든 것으로** 간주되어야 한다. 게다가 정보라는 개념이 생물학적 조직이라는 개념에 통합될 수 있다면, 놀랄 만한 방식으로 열역학, 즉 물리학을 생물학과 결합할 것이다.

사실 열역학 제2법칙은 엔트로피[물·질계의 열적 상태를 나타내는 물리량의 하나이다. 자연현상은 언제나 물질계의 엔트로피가 증가하는 방향으로 일어나는데, 이를 엔트로피 증가의 법칙이라고 한다. 엔트로피 증가의 법칙은 분자 운동의 확률이 적은 질서 있는 상태에서 분자 운동의 확률이 큰 무질서한 상태로 이동해가는 자연현상으로 설명한다. 예를 들면, 마찰로 열이 발생하는 것은 역학적 운동(질서 있는 분자의 운동)이 열운동(무질서한 분자 운동)으로 변하는 과정이다. 그 반대 과정은 무질서에서 질서로 옮겨가는 과정이며, 이는 자발적으로 일어나지 않는다—옮긴이] 경향, 즉 시스템 중심에서 질서보다 무질서가 증가하는 경향, 조직적인 것보다 비조직적인 것이 증가하는 경향을 표현하는 확률 방정식으로 공식화되었다. 그런데 사람들은 엔트로피가 정보와 반대되는 방식으로 증가한다는 의미에서 섀넌의 정보 방정식(H=KlnP)이 엔트로피 방정식(S=KlnP)을 거꾸로 반영한다고 지적했다. 여기에서 정보와 부(負)의 엔트로피 또는 음(陰)의 엔트로피(네겐트로피) 사이에는 어떤 등가성이 존재한다는 레옹 브리유앵(Léon Brillouin: 프랑스의 물리학자로 초기에는 전자기파론과 상대론 분야를 연구했고, 이어 통계역학과 양자역학을 결합한 양자통계역학을 개척했다—옮긴이)의 생각이 나왔다. 그런데 네겐트로피는 조직과 복잡성이 발전된 결과일 뿐이다. 우리는 여기에서 다시 한번 조직과 정보의 관계를 발견하고, 물리적 질서와 살아 있는 질서의 관계와 단절을 파악하게 해주는 이론적 기초도 발견한다.

따라서 정보는 잘 알려지지 않은 물리학의 근본 개념이자 물리학과 관련 있는 개념이다. 이는 생물학적 조직과 복잡성에서 분리될 수 없으며, 오직 형이상학 속에서만 자리를 찾을 수 있었던 정신적 대상을 과학 속으로 밀어 넣는다. 정보는 대단히 중요한 개념이고 고르디아스의 매듭이다. 하지만 그것은 고르디아스의 매듭처럼 얽히고설켜 풀 수 없다. 정보는 문제를 제기하는 개념이지 문제를 해결하는 개념이 아니다. 정보란 필요불가결한 개념이지만, 아직 무언가를 해명해주거나 무언가에 의해 완전히 해명된 개념은 아니다.

수면 위로 드러난 정보 이론의 측면, 정보 전달 측면과 통계 측면은 엄청나게 큰 빙산의 일각이라는 점을 상기하자. 정보 전달 측면은 정보의 다(多)영역 특성을 결코 고려하지 않고 기억으로, 지식으로, 메시지로, 프로그램으로, 조직 모형으로 나타난다.

통계 측면은 심지어 정보 전달의 틀 안에 있을 때조차도 정보의 **의미**를 알지 못한다. 그것은 메시지의 구조가 아니라 개연적-비개연적인 특성만을 파악할 뿐이고, 조직적 측면에 관해 모든 것을 알지는 못한다. 마지막으로 섀넌의 이론은 엔트로피의 수준, 정보 파괴의 층위에 위치해 있다. 그것은 이 치명적인 파괴의 틀 속에 있고 '잡음'의 치명적인 결과를 늦출 방법을 알게 해준다. 이는 현재의 이론으로는 정보의 탄생도 정보의 증가도 이해할 수 없다는 사실을 의미한다.

이렇게 해서 정보라는 개념은 커다란 결함과 커다란 불확실성을 보여준다. 그래서 정보라는 개념을 내버리지 않고 심화하려는 것이다. 이 개념 속에는 형태를 뚜렷이 드러내려 하는 엄청난 풍부함이 감춰져 있다. 이 사실은 정보를 실체화하거나 물질이나 에너지와 동일한 본성을 가진 개체로 만드는, 즉 정보 개념을 스스로 극복해야 하는 위치로 되돌아가게 만드는 '정보' 이데올로기의 반대자에게 명백하다. 따라서 정보는 종착점 개념이 아니라 출발점 개념이다. 이는 우리에게 근원적이면서 다(多)영역적인 측면, 또 조직과 분리될 수 없는 현상의 피상적이고 한정된 측면만을 드러낼 뿐이다.

조 직

우리가 방금 보았듯이 사이버네틱, 시스템 이론, 정보 이론은 나름의 방식으로, 각자의 우수함이나 불충분함 안에서 조직 이론을 필요로 한다. 따라서 근대 생물학은 유기체론(organicisme)에서 조직주의(organisationnisme)로 이행한다. 장 피아제(Jean Piaget)는 사물은 이미 만들어져 있다고 생각했다. "사람들은 마침내 조직이라는 개념을 생물학의 중심 개념으로 인식하는 데 도달했다."[4] 하지만 프랑수아 자코브(François Jacob)는 '조직 일반론'이 아직 만들어지지 않았고 구축해가야 하는 것이라고 보았다.(자크 모노는 생물과 기계가 근본적으로 같으며, 세포는 화학적으로 작동하는 기계라고 보았다. 그의 동료였던 프랑수아 자코브 역시 생명과 기계가 하나가 되었음을 역설하며 생명을 특별한 실체로는 볼 수 없다고 주장했다―옮긴이)

조직이라는 이 결정적인 개념은 이제 막 나타나기 시작했고, 감히 말하건대 아직 조직된 개념이 아니다. 이 개념은 시스템주의의 복잡화와 구체화를 통해 만들어질 수 있고, 따라서 시스템이론의 아직 완성되지 않은 발전의 결과로 보일 수 있다. 만일 조직을 유기체로 보이게 만드는 철거와 모델화 과정이 있다면, 조직이라는 개념 또한 유기체론과 구분되어야 명확해진다.

이제부터 우리가 필수적이라고 생각하는 조직주의와, 전통적인 유기체론의 수준 차이를 지적하는 일이 중요하다. 유기체론이란 역사적이고 불명료하며 낭만적인 혼합된 개념이다. 유기체론은 비록 그 속에 길항 작용과 죽음이 있다고 해도 조화롭게 조직된 통일성으로 인식되는 유기체에서 나온 것이다. 유기체에서 나온 유기체론은 유기체를 거시 우주(세계에 대한 유기체적 이해)

모델 또는 인간 사회의 모델로 만든다. 이렇게 지난세기 사회학 사조는 생물학적 삶과 사회적 삶의 등치 관계를 면밀하게 찾으면서 사회 속에서 동물 유기체와 **유사한 점**을 보고 싶어 했다.

반면 조직주의는 현상의 유사함을 드러내려는 것이 아니라 조직의 공통 원리들, 이 원리들의 진화 원칙, 그것이 다양해지는 특성들을 발견하려고 노력한다. 그때부터, 오직 그때부터, 현상의 유사함이 경우에 따라 어떤 의미를 가질 수 있다.

하지만 조직주의와 유기체론은 대립된다 해도 공통의 기반 위에 서 있다. 사이버네틱의 새로운 의식은 유사함에 반하지 않는다. 그리고 우리는 유기체론이 유사함에 기초하기 때문에 그것을 싫어하지는 않는다. 오히려 그 유사함이 평범하고 진부해서, 이 유사함에 이론 기반이 없어서 우리는 유기체론을 비판하는 것이다.

주디스 슐랑제(Judith Schlanger)가 유기체론에 관한 훌륭한 저서에서 말했듯, "셰플레(Albert Schäffle), 릴리엔펠트(Paul von Lilienfeld), 보름스(René Worms), 스펜서(Herbert Spencer)가 묘사했던 그대로의, 생물학적 삶과 사회적 삶의 엄밀한 등치 관계, 이들의 연관성은 유사함의 받침대가 아니라 거품이다".[5] 그런데 이 받침대란 방금 이야기했듯이 바로 유기적 통일성에 대한 불명료하면서 풍요로운 이해이다.

우리는 방금 이런 식의 이해에 깃든 낭만주의를 "규탄했다". 이제는 의견을 수정해야 한다. 낭만적 유기체론은 르네상스의 유기체론, 중국 사상의 유기체론〔조지프 니덤(Joseph Needham: 영국의 생화학자, 중국 역사를 연구하여 《중국의 과학과 문명》이라는 저서를 남겼다―옮긴이), 1973〕과 마찬가지로 유기체가 복잡하고 다채로운 조직에 복종하며, 결코 선적인 법칙이나 단순한 원칙, 명석판명한 사고, 기계적 사고방식으로 환원되지 않는다고 늘 생각해왔다. 낭만적 유기체론의 미덕은, 생명 조직은 인공적인 기계의 논리와 동일한 논리로는 결코 이해될 수 없다, 유기체의 논리적 독창성은 전통적인 논리로 볼 때는 적대적이면서 서로 밀어내는 모순적인 용어의 상보성으로 표현될 수 있다는 통찰 속에서 찾을 수 있다. 간단히 말해 유기체론은 복잡하고 풍요로운 조직을 가정하지만 이를 제안하지는 않는다.

기계라는 용어가 조직된 통일성을 의미한다는 점에서 유기체도 하나의 기계이다. 하지만 이 〔유기체라는〕 기계는 인공적 기계와는 종류가 다르다. 환원주의의 대안은 생존 원칙이 아니라 살아 있는 조직적 현실 속에 있다. 여기에서 사람들은 우리가 실제로 전통적 대안들과 얼마나 멀리 떨어져 있는지를 보게 된다.

만일 사람들이 조직 개념과 유기체 개념을 보완하려 한다면, 또 조직 개념이 엄밀하게 환원적이고 분석적이며 기계적이지 않다면, 그리고 유기체 개념이 말로 표현할 수 없는 생명의 미스터리가 있는 총체가 아니라면, 사람들은 생명체 문제에 좀더 가까이 접근할 수 있다. 왜냐하면 조직 개념이 유기체의 풍부함과 낭만적인 미스터리를 지니는 경우는 오직 삶과 함께할 때뿐이기 때문이다. 인공 기계에는 존재하지 않는 본질적인 흔적은 바로 그때 나타난다. 본질적인 흔적이란, 예컨대 엔트로피와 관련한 새로운 관계, 다시 말해 엔트로피에서 네겐트로피를 일시적으로라도 만들어내는 능력을 의미한다. 이는 더 복잡하고, 모든 인공 기계 논리와는 다른 논리일 것이다. 그리고 마지막으로 방금 명시한 이 두 가지 특징과 뗄 수 없이 연관된 **자기조직** 현상이 있다.

자 기 조 직

살아 있는 조직, 즉 자기조직은 사이버네틱, 시스템 이론, 정보 이론, 그리고 조직이라는 개념으로도 이해하기 힘들다(그리고 당연히 구조주의도). 우리는 피아제에게서 가장 발전된 형태의 조직 개념을 볼 수 있는데, 그 역시 '자기(auto)'라는 이 작은 재귀 접두사가 인식론적으로나 현상학적으로 얼마나 중요한지 제대로 보지 못했다. 우리에게 이 접두사는 아주 중요한 것으로 드러났다.

자기조직 문제는 두 가지 이론에서 나타난다. 한편으로는 자기재생산 자동기계(self-reproducing automata: 인간이 지능적으로 동작할 수 있는 시스템) 이론에서, 다른 한편으로는 메타 사이버네틱 이론인 자기조직 시스템(self-organizing systems)에서 출현한다.

자기재생산 자동기계 이론의 근본 원리를 제기한 사람은 바로 존 폰 노이만(John von Neumann)이었다.[6] 자기조직 시스템 이론에 관해서는 1959년과 1960년, 1961년에 열린 세 차례 회의에서 특히 윌리엄 로스 애슈비(William Ross Ashby), 하인츠 폰 푀르스터(Heinz von Foerster), 고트하르트 귄터〔Gotthard Günther, 애슈비는 영국의 정신분석학자이자 사이버네틱 연구자이다. 그는 자기조직 역학의 원칙을 제시했다. 폰 푀르스터는 물리학과 철학의 교차로에서 연구하는 과학자이다. 통일과학을 지향했던 빈 서클과 비트겐슈타인의 영향을 받았고, 구성주의 성립에 지대한 역할을 했으며, 사이버네틱의 선구자이다. 귄터는 독일의 철학자, 논리학자이다. 비(非)아리스토텔레스적 논리, 다중맥락논리 연구로 유명하다. 그의 연구는 모랭과 페터 슬로터다이크(Peter Sloterdijk) 등에게 영향을 미쳤다—옮긴이〕 등이 대담하게 이론의 혁신을 시도했다.

하지만 자기조직 시스템 이론의 운명은 사이버네틱보다 두 배 불행했다. 사이버네틱이 성공할 수 있었던 이유, 그것이 이론적으로 발전하는 것을 저지했던 이유는 모두 사이버네틱을 인공 기계에 적용했다는 사실 때문이다. 그런데 자기조직되고 자기재생산하는 인공 기계 이론을 원칙적으로는 세울 수 있다 해도, 현실적으로는 그러한 기계를 만들 수가 없었다. 반대로 자기조직 시스템 이론은 살아 있는 것을 이해하기 위해 만들어졌다. 그런데 이 이론은 살아 있는 조직의 독창성을 이루는 물리-화학 데이터와 그 과정을 다루기에는 너무나 추상적이고 형식적이었다. 따라서 실제로는 어디에도 적용될 수 없었다. 그리하여 이론적 노력은 중단되었고, 다양한 분과 학문 출신의 연구자들은 흩어졌다.

자기조직 시스템 이론은 사이버네틱 이론보다 더 근본적인 인식론적 혁명이 필요했다. 이 사실은 자기조직 시스템 이론이 출발할 때의 입장에서 멈춰 서게 했다. 사람들이 이론에 대해 제대로 말할 수 없다고 해도, 어쨌거나 출발할 때의 입장이라는 것이 있다.

1. 맨 먼저 에르빈 슈뢰딩거(Erwin Schrödinger)는 1945년부터 열역학 제2법칙에 따르지 않는 듯한 살아 있는 조직의 역설을 강조했다.
2. 폰 노이만은 (자기조직하는) 살아 있는 기계와 (단순히 조직되어 있기만 한) **인공** 기계의 차이를 언급하며 이 역설을 다시 확인했다. 사실 **인공** 기계는 대단히 신뢰할 만한 요소로 구성되어 있다. (예

를 들면 자동차 모터는, 각 부품들이 수행해야 하는 작업에 따라 정비된 부품 중에서 가장 오래가고 내구력이 좋은 재료로 만들어진 부품으로 구성된다.) 어쨌든 기계를 전체로 볼 때는 개별 구성요소가 따로 있을 때보다 훨씬 신뢰도가 낮다. 사실 이 구성요소 중에 하나만 손상되어도 외부(자동차 정비공) 요소의 개입을 통해 수리되어야 할 정도로 고장이 나서 전체가 작동하지 않을 수도 있다.

반면 (자기조직된) 살아 있는 기계는 그와 사정이 완전히 다르다. 그 기계의 구성요소들은 상당히 신뢰도가 낮다. 즉 분자들은 대단히 빨리 망가지는데, 모든 기관은 분명히 이 분자들로 구성된다. 그런데 사람들은 유기체 속에서 세포 같은 분자들이 소멸하고 다시 살아나는 것을 본다. 유기체를 구성하는 모든 요소가 갱신된다 해도 유기체는 그대로 남아 있다. 따라서 인공 기계와 반대로, 유기체를 구성하는 각 요소들의 신뢰도는 낮고 전체로 보았을 때는 신뢰도가 상당히 높다.

이는 자기조직된 시스템과 다른 시스템은 논리와 본성이 다를 뿐만 아니라 **조직 파괴와 복잡한 조직은 동질적 관계라는 점을 보여준다.** 왜냐하면 조직 파괴 현상(엔트로피)은 인공 기계보다 생명체에서 훨씬 더 빠르게 진행되기 때문이다. 그와 마찬가지 방식으로 재조직 현상(네겐트로피)이 있다. 바로 여기에서 파괴하는 엔트로피와 재조직하는 네겐트로피의 근본 관계를 알 수 있다. 이는 반대되는 두 실체가 기계적으로 대립하는 관계가 결코 아니라는 뜻이다. 다르게 말하자면 삶과 죽음의 관계는 사람들이 형이상학적으로 상상하는 것보다 훨씬 더 긴밀하고 심오하다. 엔트로피는 조직을 손상시키는 경향이 있지만 어떤 의미에서는 이 조직에 도움을 주기도 한다. 그리고 자기조직된 질서는 무질서를 내포할 때에만, 또는 정보의 질서는 '잡음'을 포함할 때에만 복잡하다 할 수 있다.

이것이 자기조직의 토대이다. 이 주장의 역설적 특성은 생명체의 질서는 단순하지 않다는 점, 생명체의 질서는 우리가 기계적 사물들에 적용하는 논리의 지배를 받지 않고 복잡성의 논리를 가정한다는 것을 보여준다.

3. 자기조직이라는 아이디어는 대상의 존재론적 지위를 상당히 변화시키고, 이는 사이버네틱의 존재론 너머까지 나아간다.

   a) 우선 대상은 **현상적으로 개별적이고**, 자연 속에 있는 물리적인 대상과 분리되어 있다. 물리-화학은 한편으로는 이 대상에 반응하는 일반 법칙을 연구하고, 다른 한편으로는 그 대상의 현상적 맥락에서 분리된, (다시 말해 무시해도 된다고 여겨지는 환경과 분리된) 대상의 기초 단위, 즉 분자와 원자 등을 연구한다.

물리-화학 세계의 현상적 대상은 내부 조직 원칙이 없다. 반면 자기조직하는 대상들에서는 현상 형식과 조직 원칙이 완전히 일치한다. 이는 살아 있는 것과 살아 있지 않은 것의 관점을 분리한다. 분명히 사이버네틱의 대상은, 그것이 인공적인 기계일 때는 조직 원칙과 관련된 개별성을 이용할 수 있다. 하지만 이 조직 원칙은 외부의 영향, 즉 인간의 영향을 받는다. 바로 이 점에서 살아 있는 시스템의 개별성은 다른 사이버네틱 시스템과 구별된다.

b) 사실 살아 있는 시스템의 개별성에는 **자율성**이 있다. 우리는 이 자율성이 분명 상대적이지만 조직적이고 유기체적이며 존재론적인 성격을 띠고 있다는 사실을 (끊임없이) 상기해야 한다. 자기조직은 실제로 이미 존재하는 조직의 질서에 비해, 그리고 인공 기계의 질서에 비해 메타 조직이라 할 만하다. **메타**(méta)와 **자기**(auto)의 이 이상한 관계, 이 둘의 일치는 깊이 생각해볼 만하다.

여기에서 우리는 사이버네틱한 것보다 훨씬 더 근본적인, 그때까지 주체의 것이었던 몇몇 특권을 대상 속에 심어주었다. 이는 동시에 인간의 주체성이 어떻게 소위 '대상' 세계에서 자신의 뿌리를 발견할 수 있는가를 알고 싶어 한다.

하지만 자기조직 시스템은 자율성과 개별성으로 인해 환경과 분리되고 구별되는 동시에 복잡성이 진보함에 따라 개방과 교류가 증가하면서 환경과 연결된다. 즉 자기조직 시스템은 자기환경조직자이다. 닫힌 시스템은 개별성도 없고 외부와 전혀 교류하지도 않으며 환경과 아주 빈약한 관계를 맺는 데 반해, 자기환경조직 시스템은 개별적일 뿐 아니라 환경과 다양하면서 의존적인 관계를 맺는다. 이는 더 자율적이고 덜 분리되어 있기도 하며 영양이나 질료, 에너지가 필요하지만 정보와 질서도 필요하다. 환경은 분명 자기환경조직 시스템의 내부에 있고 공동 조직자 역할을 맡는다. 따라서 자기환경조직 시스템은 그 자체로는 충분치 않고, 그 안에 낯선 환경을 도입해야만 논리적일 수 있다. 그것은 완성되거나 폐쇄될 수 없으며 자기 충족될 수 없다.

복 잡 성

복잡성이라는 아이디어는 과학 용어보다 일상용어에 훨씬 더 많이 퍼져 있다. 이 복잡성은 분별력에 대한 경고, 해명, 단순화, 성급한 환원에 대한 주의를 내포한다. 사실 복잡성은 철학에서도 (단어는 없지만) 자기 영역을 가지고 있었다. 논리의 지도에서 헤겔 변증법은 복잡성의 영역에 있다. 왜냐하면 이 변증법은 동일성 한가운데에 모순과 변화를 도입했기 때문이다.

과학에서 복잡성은 여전히 자기 이름을 밝히지 않은 채 20세기에 미시물리학과 거시물리학에서 나타났다. 미시물리학은 관찰자와 관찰 대상의 복잡한 관계를 다루었을 뿐 아니라, 관찰자에게 파동 또는 입자로 나타나는 소립자라는 무척 복잡하고 당혹스러운 개념을 다루기 시작했다. 하지만 사람들은 미시물리학을 한계나 경계가 정해진 영역으로 여겼고, 이 개념의 경계가 사실 우리 몸과 뇌 현상까지도 포함한 모든 물질 현상들에 관련된다는 사실을 잊어버렸다. 거시물리학은 관찰이 관찰자의 위치에 종속되게 했고, 그때까지 초월적이고 독립된 본질처럼 인식되었던 시간과 공간의 관계를 복잡하게 만들었다.

하지만 이 미시물리학과 거시물리학의 복잡성은 **우리 자연**의 근본, **우리 우주**에 내재된 특성과 관련된 것임에도 세계의 변두리로 배척되었다. 물리학, 생물학, 인문학 영역에서 과학은 현상적 복잡성을 단순한 질서로, 기초적인 단위로 환원했다. 이 단순화 작업이 17세기부터 19세기 말까지 서구 과학을 비약적으로 발전시켰다는 것은 사실이다. 19세기부터 20세기 초까지 통계학은 상호작용과 간섭을 다루었다.[7] 사람들은 공분산과 다분산을 정교하게 작업하려 애썼지만 언제나 불충분했고, 우리가 검토해야 하는 요소들이 속한 추상적 시스템의 현실을 제대로 보지 못하는 환원주의적 전망 안에 머물렀다.

복잡성은 바로 노버트 위너(Nobert Wiener), 애슈비 같은 사이버네틱 창시자들과 함께 과학사의 전면에 등장했다. 그리고 복잡성의 근본 특성을 최초로 자기조직 현상과 연관지은 사람은 폰노이만이었다.

복잡성이란 무엇인가? 우선 그것은 양적 현상으로, 대단히 많은 단위 간의 상호작용과 간섭이 엄청나게 많다는 것을 의미한다. 사실 (살아 있는) 모든 자기조직자 시스템은 아무리 단순하다 할지라도 모두 하나의 세포 속 분자나 유기체 속 세포처럼(인간 뇌에는 100억 개 이상의 세포가 있고, 유기체에는 300억 개 이상의 세포가 있다) 상당히 많은 단위를 결합하고 있다.

하지만 복잡성은 우리의 계산 능력을 벗어나는 상당히 많은 양의 단위와 상호작용을 포함할 뿐만 아니라 불확실성, 미확정성, 우연한 현상까지도 포함한다. 복잡성은 어떤 의미에서 **항상 우연과 관계**가 있다.

이런 식으로 복잡성은 일정 부분의 불확실성, 즉 우리 분별력의 한계에서 기인하거나 현상에 도사린 불확실성과 일치한다. 하지만 복잡성이 곧 불확실성인 것은 아니고, 복잡성이란 **다채롭게 조직된 시스템 한가운데에 있는 불확실성이다.** 복잡성은 반(半)우연적 시스템과 관련이 있다. 이 시스템의 질서는 돌발적인 것과 분리되지 않는다. 복잡성은 질서와 무질서의 통계적 차이와 달리, 질서와 무질서가 뒤죽박죽된 상태와 관련이 있는 것이다. 이런 뒤죽박죽된 상태에서 질서(질서는 옹색하고 정태적이다)는 거시적인 수준에서, 무질서(무질서도 옹색하다. 이는 그것의 미확정적인 특성 때문이다)는 기초 단위의 수준에서 군림한다.

복잡성을 인정한 사이버네틱은 복잡성을 거부하지는 않은 채 피해 가고 방치해두었다. 그것은 블랙박스 원칙이다. 시스템의 입출력을 고려함으로써, 시스템 작동에 필요한 공급과 시스템 작동 후의 결과들을 연구할 수 있다. 즉 블랙박스의 미스터리 속에 들어가지 않아도 입력과 출력의 관계를 알 수 있는 것이다.

그런데 복잡성 이론 문제는 블랙박스 속으로 들어갈 가능성의 문제이다. 이는 조직적 복잡성과 논리적 복잡성을 고려하는 것이다. 이때 대상에 대한 이해를 새롭게 하는 것은 물론이고 주체, 즉 과학적 관찰자의 인식론적 관점을 전복하는 데에도 어려움이 있다. 지금까지 과학의 목적은 부정확함, 모호함, 모순을 제거하는 것이었다. 그렇지만 우리는 상당히 많은 부정확함과 분명하게 보이는 부정확함을 현상 속에서뿐 아니라 개념 속에서도 수용해야 한다. 오늘날 수학의 커다란 진보 중 하나는 부정확한 것의 집합, 즉 **퍼지 집합**(fuzzy sets)을 고려한다는 점이다(cf. Abraham

A. Moles, *Les sciences de l'imprécis*, Le Seuil, 1990).

인간의 뇌를 연구하면서 얻은 성과라면, 인간의 뇌는 불충분하고 모호한 것을 가지고도 작업할 수 있기 때문에 컴퓨터보다 우월하다는 사실을 이해했다는 점이다. 이제 (주체-대상, 질서-무질서의 관계, 자기이질적 조직 안에 있는) 상당히 많은 모호함과 분명하게 보이는 모호함을 수용해야 한다. 자유 또는 창조성 같은 현상, 즉 그것의 출현을 허용해주는 복잡한 틀을 벗어나서는 설명되지 않는 현상을 인정해야 한다.

폰 노이만은 복잡성의 논리적 문을 보여주었다. 우리는 그 문을 열려고 애쓰지만, 이 왕국의 열쇠를 가지고 있지는 않다. 그래서 우리의 여행은 미완성으로 남아 있다. 우리는 몇몇 외적 특성으로 이 논리를 대강 예상해보고, 알려지지 않은 특성 몇 가지를 정의할 것이다. 하지만 새로운 논리가 일시적으로 또는 영원히 우리의 이해력을 벗어나 있다는 사실을 알아야만 새로운 논리를 만들어낼 수 있다. 현재 우리가 가지고 있는 논리-수학의 도구가 현상적 현실의 많은 측면과 잘 '들어맞는다면', 이 도구는 정말로 복잡한 측면들과는 들어맞지 않을 것이라고 확신할 수 있다. 다시 말해 이 도구가 복잡성 안에서 발전하고 스스로를 초월해야 한다는 뜻이다. 그래서 피아제는 자신이 연구해온 생물학적 조직 논리학의 의미가 심오한데도 루비콘 강에서 멈춰버렸고, 살아 있는 조직을 이미 구축한 논리-수학 공식에 적용하려고만 했다. 우리의 야심은 루비콘 강을 건너 복잡성의 새로운 땅에서 모험을 하는 것이다.

우리는 단순함에서 복잡함으로가 아니라 복잡성에서 언제나 더 많은 복잡성으로 가고자 한다. 다시 말하자면 단순한 것은 미시물리학적, 거시물리학적, 생물학적, 물리적, 사회적 복잡성 같은 여러 복잡성 중 하나의 계기이자 측면일 뿐이다. 우리는 증대하는 복잡화 경향과 방향을 고려하려 한다. 이는 우리로 하여금 자율성, 개별성, 환경과 맺은 다양한 관계, 수련의 적합성, 창의성, 창조성 등 자기조직의 발전에 따라 복잡성을 낮은 복잡성, 중간 복잡성, 높은 복잡성으로 단순하게 구분하게 한다. 마지막에 우리는 복잡성이 대단히 높은, 인간을 아연실색케 하는 현상도 고려할 것이며, 인간의 문제를 고려하기 위해 새롭고 중대한 개념인 **초**(hyper)**복잡성**을 제시할 것이다.

주 체 와   대 상

이렇게 자기조직 이론과 복잡성 이론으로 우리는 전(全) 생물학주의와 전(全) 인류학주의 너머에서 생물학과 인류학의 공통 기층을 얻게 되었다. 이 공통 기층에서 복잡성의 상이한 수준을 설정할 수 있다. 이 상이한 수준 중에는 대단히 높은 복잡성, 종종 인류학적 현상에 고유한 초(hyper)복잡성의 수준을 포함하는 살아 있는 존재도 있다.

그런 이론은 물리적 세계와 생물학적 세계의 관계를 밝혀주고, 우리가 실재라고 이름 붙인 모든 부분의 소통을 보장해준다. 물리학과 생물학의 용어가 물화되어서는 안 된다. 지도에 있는 경계들은 영토 **안에** 존재하지 않고 철조망, 세관원과 함께 영토 **위에** 존재한다. 만일 물리학의 개념이 확장되고 복잡해지면 모든 것이 물리학적인 것이 된다. 따라서 생물학, 사회학, 인류학은 물리학에서 뻗어 나온 가지라고 말할 수 있다. 마찬가지로 생물학의 개념이 확장되고 복잡해지면, 사회학적이고 인류학적인 것은 모두 생물학적인 것이 된다. 생물학과 마찬가지로 물리학은 환원하고 단순화하는 것이 아니라 근본적인 것이 되었다. 분과 학문의 패러다임만 생각하면 이 사실을 이해할 수 없다. 분과 학문 패러다임 안에서 물리학, 생물학, 인류학은 서로 소통하지 않고 구별되며 분리된다.

사실 여기에서 중요한 것은 우리가 만들고자 노력해야 하는 이론의 개방, 개방된 이론이다. 지금부터 여러분은 이론의 개방, 개방된 이론이 자기 고유의 영역에서 과학 바깥으로 내던져졌던 세계와 주체를 출현하게 해준다는 사실을 알 수 있다.

개방된 시스템이라는 개념은 사실 열역학을 매개로 물리학과 통할 뿐 아니라, 더 폭넓고 근본적으로는 **자연**으로, 즉 질료의 정돈되거나 뒤죽박죽된 성질을 통해 무질서(엔트로피)와 조직(점점 더 복잡해지는 시스템 구축)을 동시에 지향하는 모호한 물리적 변화로 통한다. 동시에 개방된 시스템 개념은 환경 개념에 도움을 요청하고, 바로 거기에서 물질의 근본인 **자연**뿐만 아니라 저 너머로 무한히 열리는 더 넓은 현실의 지평인 세계가 출현한다. (왜냐하면 모든 환경 시스템은 자기보다 더 넓은 환경 시스템 안에서 개방되기 때문이다.) 이렇게 해서 환경 시스템이라는 용어는 사방팔방으로 확장된다.

주체는 세계와 동시에, 그리고 시스템과 사이버네틱의 출발점에서 출현했다. 그 출발점에서는 인간 주체의 고유한 몇몇 특성, 즉 합목적성, 프로그램, 소통 등이 대상-기계 속에 포함되어 있었다. 주체는 특히 자기조직을 통해 출현한다. 이 자기조직에서 자율성, 개별성, 복잡성, 불확실성, 모호함은 대상의 고유한 특성이 된다. 그리고 자기조직에서 특히 '자기(auto)'라는 용어에 주체성의 뿌리가 있다.

이때부터 사람들은 자기준거는 자기의식으로 연결되고, 반사성(réflexivité)이 반성(réflexion)으로 연결된다는 사실을, 극복할 수 없는 인식 체계의 틈을 남겨두지 않고도 이해할 수 있다. 요약하면 '대단히 높은 자기조직 능력을 갖추었기에 자기의식(consciousness 또는 self-awareness[8])이라는 신비한 특질을 생산해내는 시스템'이 나타난다는 점을 이해할 수 있다.

하지만 주체는 키르케고르 이후부터 부각된 실존적인 특성에서 출현한다. 주체는 무엇으로도 환원할 수 없는 개별성, (언제나 자기에게서 고리가 채워지는 회귀적 존재가 지니는) 충분함, (자기 스스로 결정될 수 없는 '개방된' 존재가 지니는) 결핍이 있다. 주체는 틈, 균열, 낭비, 죽음, 저 너머의 세계 등을 가지고 있다.

이런 식으로 우리는 세계를 가정하고 주체를 인정한다. 우리는 세계와 주체의 관계는 상호적이고, 분리할 수 없다고 가정한다. 즉 세계는 오직 자기조직적 복잡성의 궁극적 발전 형태인 생각하는 주체에만 있는 환경 시스템의 지평, **자연**의 지평으로 나타날 수 있다. 하지만 그러한 주체는 오직 물리적 과정의 끝에서만 나타날 수 있었다. 이 물리적 과정을 거치면서 점점 더 풍요롭고 광대해지는 환경 시스템이 조건 짓는 수많은 단계를 거쳐 자기조직 현상이 발전했다. 이런 식으로 주체와 대상은 자기조직 시스템/환경 시스템과 분리될 수 없는 최후의 두 가지 출현물로 나타난다.

여기서 시스템주의와 사이버네틱을 예컨대 [다단] 로켓의 제1단으로 보아 이는 제2단에 해당하는 자기조직 이론이 출발할 수 있게 해주는 역할을 한다고 생각할 수 있다. 그다음에 이 자기조직 이론은 인식론적인 제3단, 즉 주체와 대상의 관계가 출발할 수 있도록 해준다.

이때부터 우리는 서구 물리학과 형이상학의 중대한 지점, 즉 17세기부터 물리학과 형이상학의 근거를 제공하고 그것들을 환원 불가능한 방식으로 대립시켰던 지점에 도달한다.

사실 서구 과학은 주체와 독립적으로 존재하는 대상을 있는 그대로 관찰하고 설명할 수 있다고 생각했기 때문에 주체를 실증적으로 제거하는 데 기반을 두었다. 모든 가치 판단, 모든 주체적 왜곡을 정화한 객관적 사실들의 세계라는 생각은 실험과 검증 덕분에 근대 과학을 놀랍도록 발전시켰다. 분명히 자크 모노(노벨상을 수상한 생물학자인 자크 모노는 저서 《우연과 필연》으로 유명해졌는데, 이 책에서 그는 인간이 우주 속의 우연한 산물이라고 주장했다—옮긴이)가 잘 정의했듯이 중요한 것은 가정, 즉 실재와 지식의 성격에 관한 내기이다.

이런 틀에서 주체는 '잡음', 즉 객관적 지식을 달성하기 위해 제거해야 하는 교란, 왜곡, 오류일 수 있고 객관적 세계를 단순하게 반사하는 거울일 수도 있다.

주체는 객관주의라는 기준으로는 묘사될 수 없기에 교란이나 잡음으로 여겨져 돌려보내진다. "현재 우리의 사상 이론에는 돌멩이 같은 사물과 의식의 총체인 주체를 논리적으로 구별하게 해주는 것이 전혀 없다. 만일 우리가 이 의식을 어떤 동물이나 인간의 몸속에 집어넣고 에고(Ego)라고 부른다면, 그것은 우리에게 의사 사물(pseudo-objet)처럼 나타난다."[9] 주체는 객관적 세계의 유령, 즉 "세계 속에 포함된 사물을 묘사하는 데 사용할 술어에서 벗어난 신비로운 X"[10]가 된다.

그런데 과학에서 쫓겨난 주체는 이데올로기, 도덕, 형이상학 안에서 복수를 가한다. 이데올로기 측면에서 주체는 (소유하고 조작하고 변형해야 하는) 대상 세계에서 군림할 **주체**로 간주되는 인간의 종교, 즉 휴머니즘의 토대가 되었다. 도덕적인 측면에서 주체는 모든 윤리에 필요불가결한 중추가 되었다. 형이상학적인 측면에서 주체는 궁극의 현실이자 최초의 현실로서, 대상을 불확실한 허상 또는 기껏해야 우리 이해력의 구조를 비춰주는 거울 정도로 만들어버린다.

이 모든 측면에서 영광스럽거나 수치스럽게, 암묵적이거나 개방적으로 주체는 초월적인 존재가 되었다. 객관 세계에서 축출당한 "주체성 또는 의식은, 저 너머에서 온 초월적인 것이라는 개념과 (동일시되었다)"(귄터). 세계의 왕, 세계의 주인인 주체는 과학이 점유하지 못한 왕국에서 모습을 드러냈다. 주체를 실증적으로 제거하는 것은 반대 측면에서 대상을 형이상학적으로 제거하는 것에 대응된다. 대상 세계는 그 세계를 사유하는 주체 안에서 용해된다. 데카르트는 근대 서구를 특징지을 이원성을 근본적으로 드러낸 최초의 인물이다. 이 이원성은 과학으로 열려 있는 **연장되는 존재**(res extensa)인 대상 세계와, 저항할 수도 환원할 수도 없는 최초의 현실 원칙인 주체의 **코기토**(cogito)를 차례로 정립한다.

그때부터 실제로 대상과 주체의 이원성은 상호 분리, 척력, 제거 등의 용어로 제기된다. 주체와 대상이 만나게 되면 언제나 둘 중 하나는 제거된다. 주체가 '잠음' 또는 무의미가 되거나, 대상 혹은 (극단적으로는) 세계가 '잠음'이 된다. 도덕 법칙의 정언 명령을 이해하는 사람(칸트), 또는 불안과 추구로 인한 존재론적 떨림을 경험하는 사람(키르케고르)에게는 대상 세계가 중요하다.

그런데 서로가 서로를 제거하는 분리하고 밀쳐내는 이 용어들은 실은 서로 떼어놓을 수 없다. 사물에 가려진 현실의 일부는 주체에 위임되고, 주체에 가려진 현실의 일부는 사물에 위임된다. 게다가 사물은 (관찰하고 고립시키며 정의하고 사고하는) 주체와 관련해서만 존재하고, 주체는 (자신을 인정하고 정의하고 사고하게 할 뿐 아니라 **존재하게** 하는) 객관적 환경과 관련해서만 존재한다.

각자 자신에게 양도되는 대상과 주체라는 개념은 불충분하다.

순전한 대상 세계라는 아이디어에는 주체만 결핍되어 있는 것이 아니라 환경과 저 너머의 세계도 결핍되어 있다. 극히 빈약한 이 아이디어는 스스로 폐쇄되고 알 수 없는 허공으로 둘러싸인 객관성이라는 공리에만 기반을 두고 있다. 반면 실증적 수준에서 빈약하고 초월적 수준에서는 비대한 주체 개념에는 환경이 결핍되어 있다. 그것은 세계를 무화시키면서 유아론(唯我論)에 갇혀 있다.

이렇게 해서 커다란 역설이 생겨난다. 즉 주체와 대상은 분리할 수 없는데, 우리의 사유 방식은 형이상학적 주체와 실증주의적 대상 사이에서 순간순간 자유롭게 선택하면서 그중 하나를 배제한다. 어떤 학자가 자신의 모르모트를 연구하기 위해서 자기 경력에 관한 걱정거리, 직업상의 질투와 경쟁심, 자기 아내와 애인을 머릿속에서 몰아낼 때 주체는 마치 과학소설에서 나올 법한 초(hyper)공간을 거쳐 이 세계에서 저 세계로 넘어가는 놀라운 현상에 의해 갑작스레 무화된다. 그는 관찰자인 동시에 학자이기에 객관적 지식의 중추이면서 동시에 '잡음'이 된다. 대상을 관찰하고 있던 이 학자는 사라져버렸다. 과학적 객관성이 반드시 인간 주체의 정신 속에 나타나야 한다는 이 커다란 미스터리는 전적으로 금지되거나 배제되었고, 어처구니없게도 반영 의식이라는 테마로 환원되었다.

그런데 이 반영이라는 테마는 명백한 모순에 눈감고 이를 얼버무리지 않는다면 생각보다 훨씬 더 훌륭해질 수 있다. 그것은 이중 거울 패러독스를 제기한다. 사실 실증주의적 대상 개념은 의식을 현실(거울)이자 동시에 현실의 부재(반영)로 만든다. 사람들은 사실 의식은 불분명한 방식으로 세계를 반영한다고 주장한다. 그런데 만일 주체가 세계를 반영한다면, 이는 세계가 주체를 반영한다는 뜻이기도 하다. 슈뢰딩거는 왜 "감동하고 보호하고 생각하는 우리의 자아는 세계에 관한 우리의 통찰력(world picture) 어디에서도 발견되지 않는가?"라고 물었다. 그러고 나서 "우리의 자아는 바로 세계에 관한 통찰력으로, 그것은 전체와 동일하며 따라서 전체의 일부로 여겨질 수 없기 때문"[11]이라고 답했다. 이런 식으로, 주체가 사물에게 거울이 되는 것처럼 대상은 주체에게 거울이 된다. 그리고 슈뢰딩거는 주체 의식의 양면성을 드러낸다. "한편으로 그것은 세계의 발전 과정 전체가 자리 잡는 극장 혹은 유일한 극장이다. 다른 한편으로 결코 전체에 영향을 미치지 않으면서 부재할 수 있는 무의미한 부속품이다."[12]

마지막으로 주체와 대상을 분리하는 것은 주체를 '잡음'이나 '오류'로 만들면서 대상 세계에 고유한 결정주의와 주체의 특성인 비결정주의 또한 분리한다는 지적은 흥미롭다.

사람들은 대상을 높이 평가하듯 결정주의도 높이 평가한다.

그런데 사람들이 주체를 높이 평가한다면, 결정되지 않은 것은 풍요롭고 가능성이 들끓는 자유로운 것이 된다! 서구의 중심 패러다임은 이런 형태를 띠고 있다. 즉 대상은 인식될 수도, 결정될 수도, 분리될 수도 있으며 조작될 수도 있다. 이는 객관적 진리를 지녔으며 과학의 **전부**이다. 하지만 기술로 조작할 수 있기 때문에 **아무것도 아니기도 하다.** 주체는 미지의 것이다. 그 이유는 주체는 결정되지 않았고, 거울이고 낯선 것이며, 전체성이기 때문이다. 이렇게 주체는 서구 과학에서 **전부이자 아무것도 아닌 것**이 되었다. 무엇이라도 주체 없이는 존재하지 못하고, 모든 것이 주체를 배제한다. 그것은 모든 진리의 받침대와 같지만, 대상에 비한다면 '잡음'이자 오류일 뿐이다.

우리의 길은 한편으로는 미시물리학(미시물리학에서 주체와 대상은 연관을 맺고 있긴 하지만 서로에게 골치 아픈 상태로 있다)에 의해 개척되었고, 다른 한편으로는 사이버네틱과 자기조직 개념에 의해 개척되었다. 우리는 이미 결정주의와 우연 사이의 양자택일에서 빠져나왔다. 왜냐하면 자기조직 시스템은 고유한 자기결정을 내리기 위해 비결정과 우연이 필요하기 때문이다. 마찬가지로 우리는 주체와 대상을 분리하고 무효화하는 것에서도 벗어났다. 왜냐하면 우리는 개방된 시스템 개념에서 출발했기 때문이다. 이 개념은 가장 기초적인 특성 속에도 이미 환경이 불가분하게 현존하고 있다는 것, 즉 시스템과 환경 시스템 간의 상호 의존성을 내포한다.

만일 내가 자기환경조직자 시스템에서 출발한다면, 복잡성에서 복잡성으로 올라간다면, 마침내 주체-대상의 관계를 사유하고자 애쓰는 나 자신, 즉 성찰하는 주체에 도달하게 된다. 이와 반대로 성찰하는 주체의 기반 또는 적어도 그것의 기원을 찾기 위해 성찰하는 주체에서 출발한다면, 내가 속한 사회, 휴머니즘이 발전하고 있는 이 사회의 역사, 그리고 자기환경조직자적 인간을 발견할 수 있다.

이런 식으로 세계는 우리 정신의 내부에 있고, 이 정신은 세계의 내부에 있다. 이 과정에서 주체와 대상은 서로를 구성한다. 하지만 이 사실은 통합적이고 조화로운 통찰력으로 귀결되지는 않는다. 우리는 일반화된 불확실성의 원칙에서 벗어날 수 없다. 미시물리학에서 관찰자는 대상을 교란하고 대상은 관찰자의 지각을 교란하듯이, 대상과 주체라는 개념은 서로가 서로에 의해 심각하게 교란된다. 한 단어는 다른 단어에 틈을 낸다. 주체와 환경의 관계에는 근본적인 존재론적 불확실성이 있다. 대상의 현실이나 주체의 현실에 대한 절대적이고 존재론적인 (허위) 결단만이 이 불확실성을 종결짓는다. 주체와 대상의 복잡한 관계로부터, 그리고 이 두 개념의 불충분하고 불완전한 특성으로부터 새로운 이해가 출현한다. 주체는 이 주체를 그 자체로 결정하는 원칙 없이 개방된 상태로 있어야 한다. 그리고 대상 그 자체는 한편으로는 주체로, 다른 한편으로는 환경으로 개방되어야 한다. 이 환경 역시 반드시 개방되어야 하고, 우리 분별력의 한계 너머로 계속 개방되어야 한다.

개념이 제한되고, 존재론적 균열이 생기며, 객관성과 결정주의가 후퇴하면 일견 지식이 후퇴하고 불확실성이 출현하는 등의 결과가 발생하는 것처럼 보인다.

그러나 이 필연적인 〔개념의〕 제한은 지식에 대한 자극이 된다. 존재론적 오류는 과학 (그리고 철학)의 기초 개념들을 폐쇄했다는 것, 즉 화석화했다는 것이다. 사실은 그와 반대로 더 풍요롭고 덜 확실한 지식이 가능하도록 개방해야 했다. 닐스 보어(Niels Bohr)가 미시물리학에 양자를 도입한 뒤에 한 이야기를 과학 전체로, 그리고 더 넓게는 지식의 문제로 확대 적용할 수 있다. "처음에는 이 상황이 대단히 유감스러워 보일 수 있다. 하지만 과학사의 흐름 속에서 새로운 발견으로 인해, 사람들이 보편적 가치에 절대로 의문을 제기하지 않았던 어떤 생각들의 한계가 드러났을 때, 우리는 〔어떤 좋은 것으로〕 보상받게 된다. 즉 우리의 통찰력이 더 넓어지고, 그전에는 모순처럼 보였던 현상들을 서로 연관시켜 볼 수 있게 되었다."[13]

정 합 성 과 인 식 론 적 개 방

이론적 노력은 주체-대상의 관계로 자연스레 귀착되는 동시에 연구자(여기에서는 나 자신)와 그가 인식하는 대상의 관계로 귀착된다. 즉 이론적 노력은 불확정성의 원칙과 자기준거의 원칙을 서로 불가분한 것으로 가지고 있으며 자기비판적이고 자기성찰적인 원칙도 가지고 있다. 이 두 가지 특성을 통해 이론적 노력은 고유한 인식론적 잠재성을 지닌다.

인식론은 메타언어가 대상 언어를 고려하기 위해 구축되었듯이 우리 자신의 인식을 인식의 대상으로 간주하는 관점을 발견하려 했다. 동시에 이 메타 관점은 인식하는 주체의 성찰을 풍요롭게 하면서 지식을 비판적으로 고려해야 한다.

여기에서 우리의 이론을 통제할 수 있는, 다시 말해 비판하고 넘어서고 반성할 수 있게 해주는 인식론적 관점을 개괄할 수 있다.

이는 무엇보다 환경이 결정하거나 조건 짓는다는 것을 인식하면서 우리를 환경 시스템 안에 위치시키는 관점으로, 다음 사항을 고려해야 한다.

a) 우리를 자연의 환경 시스템 안에 두면서 우리가 인식의 생물학적 특성을 시험하도록 유도하는 관점이다. 인식의 생물학은 인간의

인식을 **선험적으로** 구성하는 뇌 형태, 그리고 환경과 대화하면서 뇌가 학습하는 방식과도 명백히 관련된다.

b) 우리의 인식을 이데올로기적으로 결정하거나 조건 짓는 **지금 여기의**(hic et nunc) 사회적 환경 시스템 안에 우리를 위치시키는 관점이다.

이런 식으로 사회적 환경 시스템을 고려하면 우리는 거리를 두고 외부에서 자신을 바라보고 객관화하며 우리의 주체성을 인정할 수 있다.

그런데 이 노력은 필요하지만 불충분하다. 인간 뇌 시스템과 환경 사이에는 메울 수 없는 근본적인 불확실성이 있다. 인식의 생물학은 사실 우리들 속에는, 인간의 뇌 속에는, 환각과 지각을, 상상계와 실제 세계를 구별할 수 있게 해주는 어떠한 장치도 없다는 점을 보여준다. 마찬가지로 외부 세계의 인식에도 불확실성이 존재한다. 왜냐하면 외부 세계에 대한 인식은 조직의 '패턴'(가장 근본적인 패턴은 선천적인 것이다)에 기입되어 있기 때문이다. 지식사회학 측면에서 보자면 우리는 환원 불가능한 불확실성에 도달한다. 지식사회학은 개념을 상대적인 것으로 만들고, 우리를 사회적인 역학 관계 속에 위치하게 만든다. 하지만 우리 이론에 내재된 유효성에 관해서는 확실하게 말해주지 않을 것이다.

따라서 이론을 내적 일관성이라는 관점으로 시험하는 또 다른 **논리적 특성을 지닌** 메타 시스템이 필요하다. 여기서 우리는 전통 인식론의 영역으로 진입하지만 괴델의 비결정성 문제에 부딪힌다. 외견상 수학 논리에만 한정된 듯한 괴델의 정리는 **심지어** 모든 이론 시스템에도 유효하다. 괴델의 정리는 공식화된 시스템 속에 비결정적인 명제가 적어도 하나는 있다는 사실을 증명한다. 이 비결정성은 시스템에 틈을 내어 불확실하게 만든다. 비결정적인 명제는 분명히 다른 시스템, 메타 시스템에서 증명될 것이다. 하지만 이 메타 시스템 역시 논리적인 틈이 있다.

인식의 완성에는 뛰어넘을 수 없는 장벽이 있다. 하지만 사람들은 거기에서 인식을 초월하고 메타 시스템을 구축하도록 촉진하는 것, 즉 메타 시스템에서 메타 시스템으로 지식을 진보하게 하는 동시에 늘 새로운 무지와 미지를 생성하는 움직임을 볼 수 있다.

여기에서 우리는 어째서 이 불확실성이 개방된 시스템 이론으로 연결되었는지 알 수 있다. 사실 개방된 시스템의 메타 시스템은 그 자체로 개방될 수밖에 없을 뿐 아니라 그 역시 메타 시스템을 필요로 한다. 따라서 개방된 시스템 이론의 기반에 있는 개방된 관점과, 괴델의 정리에 따른 모든 인지 시스템의 정점에 있는 무한한 열린 틈은 상응하게 된다.

이는 모두 개방된 인식론으로 우리를 유도한다. 인식론은 모든 지식을 최종 통제하고 모든 반대 이론을 배제하며 검증 과정과 진리를 독점하기 위해 골몰하는 전략적 주안점이 아니라는 사실을 강력한 인식론 용어로 강조해야 한다. 인식론은 교황도 재판관도 아니다. 그것은 불확실성의 장소이자 대화의 장소이다. 사실 우리가 찾아낸 불확실성은 모두 서로 대결하고 교정하고 대화한다. 우리는 이데올로기라는 반창고로 이 불확실성의 근본적인 틈을 막아서는 안 된다.

앞에서 인용한 보어의 표현에 따르면 인식의 제한은 인식의 확장으로 변하는데, 이 표현은 여기서 인식론적이고 이론적인 충만한 의미를 띠게 된다.

인식의 모든 중대한 진보는 쿤이 지적했듯이 초월하는 능력이 없는 닫힌 시스템이 균열되고 단절되면서 필연적으로 일어난다. 따라서 어느 한 이론이, 점점 더 중대해지는 어떤 관찰의 결과들을 통합해내지 못할 때 지식의 중대한 진보가 일어난다. 이는 시스템 안에서 시스템의 정합성과 폐쇄성을 동시에 만들어낸 것을 혁파하는 진정한 혁명이다. 하나의 이론은 과거의 이론을 대체하고, 경우에 따라서는 과거의 이론을 조야하고 상대적인 것으로 만들면서 그것을 통합한다.

그런데 어느 한 시스템을 넘어서고 메타 시스템을 구축하는 등의 진화적 통찰은 과학적 사고에 유효할 뿐만 아니라 살아 있는 자기환경조직자 시스템에도 유효하다. 여기서 또다시 우리의 인식론적-이론적 관계에 필수인 상응을 발견하게 된다. 자기조직 이론은 자연히 인식론의 원칙과 가능성을 포함한다. 이는 유아론적으로 자기 안에 틀어박히는 것이 아니라, 인식론의 두 가지 근본적인 측면인 개방성과 (자기)성찰성, 환경 시스템적이면서 메타 시스템적인 두 가지 근본 관계를 확정하고 심화한다.

이런 식으로 우리는 시스템의 개방과 괴델이 말한 틈, 실증적 불확실성과 이론적 미결정성, 물리학적·열역학적 개방과 인식적·이론적 개방을 경직된 방식으로 통합하지 않고 유연하지만 필요불가결한 연결을 보장해줄 수 있을 것이다.

마지막으로 우리는 주체-대상의 관계에 대한 개방된 이해에 인식론적 의미를 부여할 수 있다. 주체-대상의 관계는 우리에게, 대상은 그것이 속한 환경 시스템 안에서, 더 넓게는 (지식이 채우지 못하는) **개방된** 세계 안에서, 메타 시스템 안에서, 주체와 대상이 통합되는, 우리가 앞으로 만들어야 하는 이론 안에서 이해해야 한다는 점을 가르쳐준다.

고립된 주체는 극복할 수 없는 유아론적 문제 속에 갇혀 있다. 주체라는 단어는 (자연적, 사회적, 가족적……) 환경 시스템에서만 의미가 있을 뿐이고, 메타 시스템에 통합되어야 한다. 주체와 대상, 이 두 단어가 마치 절대적인 것처럼 나타나는 한 각각의 단어는 우스꽝스러우며 둘 사이는 대단히 크게 벌어져 그 사이를 건너뛰지 못하는 상태가 된다. 하지만 이 단어들이 그들 사이 간극을 인정한다면, 이는 서로를 향한 개방, 세계를 향한 개방, 대안의 잠재적 초월을 향한 개방, 지식의 잠재적 진보를 향한 개방이 된다.

정리하자면, 우리가 구현하고자 애쓰는 복잡한 이해는 자기비판이라는 방법을 요청하고 부여한다. 이는 자연의 발전 속에서 인식론적인 두 번째 시각을 요청한다. 그것은 생(生)분해성 진리, 즉 죽을 수밖에 없고 그래서 살아 있는 진리를 가지고 있다.

새 로 운   과 학

이렇게 사이버네틱, 시스템주의, 정보 이론을 이용해 우리가 발전시키자고 제안하는 담론의 윤곽을 대략 잡았다. 이러한 사전 준비는 분명히 연대기적인 방식이 아니라 꽤 논리적인 방식으로 내 연구 방법을 도식화한다. 내 연구 방법은 내가 생물학에서 벗어나게 하기 위해 그 속으로 들어가게 만들고, 시스템 이론과 사이버네틱에서 벗어나게 하기 위해 그 속으로 들어가게 만들고, 분리·환원·단순화하는 구식 패러다임을 문제 삼는 진보한 과학을 검토하게 만든다.

이는 우리가 예비 작업을 하고, 아직 잘 알려지지 않은 중요한 이론을 재검토하는 데 도움이 된다. 그런데 이 이론의 밝혀진 측면은 기술만능주의(사이버네틱, 시스템 이론)의 진부함을 반영한다. 동시에 내가 착수한 논의는 이미 모든 방향에서 윤곽이 잡혀 있으며, 이중 대부분은 과거의 논의로 어떤 것(미시물리학)은 5년, 또 다른 것은 벌써 20년 이상 되었다는 사실을 알 수 있다. 나는 내 논의가 점차 완성되어가야 한다고 주장하는 것이 아니다(그것은 미완성일 수밖에 없다는 사실을 보여준 만큼 더욱더). 나는 균열, 통합, 성찰을 통해 작업해 나아가면서 여기에 하나의 형태를 부여하려 한다. 나는 (거만한 교조주의자가 늘 자신이 앉아 있다고 주장하는 왕좌가 아니라) 움직이는 한 장소에 있고 싶다. 또 이론을 방법론, 인식론, 심지어 존재론에까지 연결하는 복잡한 사고 속에 있고 싶다.

사실 사람들은 이론이 물리학적인 것에서 생물학적인 것으로, 생물학적인 것에서 인류학적인 것으로 이행할 때 그것은 이론의 실패를 의미하는 것이 아님을 알 수 있었다. 각각의 수준에서 이론은 엔트로피에서 네겐트로피로, 네겐트로피에서 인류학으로 메타 시스템적인 도약을 감행한다. 이론은 개방적인 (즉 과거의 이론들을 통합하는) 동시에 특유한 (즉 복잡한 단위들을 묘사하는) 방법론을 요청한다.

이 이론은 어떤 존재론을 가정하고 그것을 명백하게 밝힌다. 이 존재론은 실체를 희생해 관계를 강조할 뿐 아니라 대상을 구축하는 현상인 출현과 간섭도 강조한다. 관계들의 유일한 형식적 망이 존재하는 것이 아니라, **현실들**이 존재하는 것이다. 그런데 이 현실들은 본질이 없고, 유일한 실체로 이루어졌다는 것도 아니다. 이 현실들은 시스템의 움직임에 따라 구성되고 생산될 뿐 특정한 자율성을 부여받은 것은 아니다.

마지막으로 우리가 발견하려 했고 발견했다고 믿은 것은 연구자에게 근본적인 중재 지점이자, 정합적이면서 개방적인 이론적·방법론적·인식론적 집합이다. 우리는 이 집합이 다른 모든 이론들 (대단히 넓은 영역으로 퍼져 있지만 실은 그것들의 일반적인 특성들을 반복하는 데 한정되어 있는 이론들)보다 훨씬 더 정합적이라고 생각한다. 또한 다른 정합적인 이론들보다 더 거대하고 개방적이며, 다른 개방적인 이론들 (중심축이 결여되어 절충주의로 빠져드는 이론들)보다 더 논리적이고 거대하다고 생각한다. 사람들은 여기에서 비전체주의적, 다차원적, 이론적이지만 교리(교리란 폐쇄되고 자급자족적이고 따라서 불충분한 이론이다)에 얽매이지 않은, 불확실성과 초월로 열려 있는 논의를 시도한다. 이것은 이상적이지도 이상주의적이지도 않다. 이에 따르면 사물은 결코 개념에 갇히지 않으며 세계는 결코 담론에 갇히지 않는다.

바로 이것이 **새로운 과학**이다. 우리가 잠바티스타 비코(Giambattista Vico)(그는 사실 이 용어를 우리와 다른 논의 맥락에서 사용한다)에게서 차용한 이 용어는 현재의 과학 개념을 수정하고 변화시키며 더 충실하게 만들기 위해 노력한다는 것을 의미한다. 야코브 브로노프스키(Jacob Bronowski)가 말했듯이 현재의 과학 개념은 '절대적이지도 영속적이지도' 않다. 중요한 것은 분과 학문을 세분화하고 이론적으로 분할할 수밖에 없다는 점을 염두에 두고, 과학의 신성한 명령을 실행하는 것처럼 보이는 것을 고려하면서 우리가 과학이라는 말로 이해하는 무언가를 다차원적으로 변화시키는 것이다.

과학의 통일을 위해

우리는 과학 통일의 가능성과 필요성을 동시에 가정한다. 하지만 그러한 통일은 현재의 틀 안에서는 불가능하고 이해할 수도 없다. 현재의 틀 안에서는 무수한 자료들이, 점점 더 협소해지고 폐쇄된 분과 학문의 벌집 구멍 속에 축적되고 있다. 과학의 통일은 주요한 분과 학문이 그것의 본질과 이질적인 특성들(물리학적인 것, 생물학적인 것, 인류학적인 것)을 유지하는 틀 안에서는 불가능하다. 하지만 일반화된 **자연**의 영역에서는 이해할 수 있다.

물론 그러한 통합이 복잡한 조직 현상들을 가장 단순한 수준으로 환원하는, 오직 환원주의적인 것이라면 무의미하다. 만일 그러한 통합이 만능열쇠 같은 보편성을 과시하면서 실행된다면 무미건조해질 것이다. 그것은 오직 통일성과 다양성, 지속과 단절을 동시에 이해할 때에만 의미가 있다. 그런데 이는 **자연**에 관한 일반이론으로 개방된 자기환경조직 이론에서나 가능해 보인다. 물리학, 생물학, 인류학은 이제 폐쇄된 개체는 아니지만 정체성을 상실하지는 않는다. 과학의 통일은 물리학, 생물학, 인류학을 방해하지 않지만, 물리학주의, 생물학주의, 인류학주의는 무력화한다.(그림 1 참조)

사람들은 이것이 논리실증주의가 시도했던 과학의 통일과 다른 점을 알 수 있다. 논리실증주의는 오늘날 불확실함, 모호함, 모순 등을 바라보아야 하는 지점에 시선을 두지 못하게 막는 공권력적 인식론일 뿐이다.

언제나 그렇듯이 스스로 근본주의를 지향하는 이론은 마치 마르크스주의, 프로이트주의, 구조주의가 고유한 몰지각함과 거만

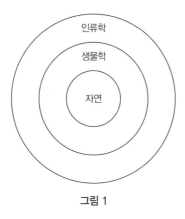

그림 1

함으로 무장해 그랬던 것처럼 분과 학문의 영역을 벗어나고 가로지른다.

즉 이는 학제간 연구의 관점이다. 학제간 연구는 오늘날의 비분과 학문을 뜻한다. 관료화된 모든 거대 제도(과학)와 원칙들의 집합은 최소한의 문제 제기조차 못하게 막고, 표본에 맞지 않는 것은 죄다 '비과학적'이라며 거칠게 배척하고 멸시한다.

하지만 과학의 개념에는 불확실성, 틈, 열림이 존재한다. 보증된 방식으로 과학의 경계를 정의하려는 주장이나 과학의 독점에 대한 주장은 마찬가지로 비과학적이다. 사람들은 내가 여기서 큰 소리로 강조하는 순결한 진리 때문에 나를 죽어라고 비난하리라는 것(나의 죽음과 그들의 죽음)을 잘 알고 있다. 하지만 나는 그것을 말해야 한다. 왜냐하면 과학은 통제와 예측을 하지 못하고 사회적 역할을 수용하지 못하는 무능, 그리고 고유한 인식을 통합하지 못할뿐더러 유기적으로 연결하고 성찰하지 못하는 무능 속에서 맹목이 되었기 때문이다. 만일 인간의 정신이 거대한 분과 학문적 지식의 전체상을 이해할 수 없다면, 인간 정신이든 분과 학문적 지식이든 변화해야 한다.

전통 과학에서 추방된 현실을 통합하기

과학의 새로운 통일은 오직 18세기와 19세기에 추방되었던 것이 회귀할 때만 의미가 있다. 그렇게 추방된 것은 국지적으로 또는 몰래 과학에 천천히 재통합되었다. 이 추방은 '괄호 치기'에 상응했다. 이 괄호 치기는 과학을 놀라울 정도로 발전시키기 때문에 휴리스틱했다. 하지만 오늘날 꼭 필요한 새로운 변신을 방해하고 질식시키는 대단히 심각한 핸디캡이기도 했다.

운의 존재를 인정하는 것뿐만 아니라, 그 운이 특정 사건과 연관되었으며 예측 불가능하다는 측면에서도 이를 통합하는 것도 중요하다.[14] 통계적인 방식으로 **정보**, 즉 질료와 에너지로 환원되지 못하는 개념에 국한하지 않고 정보의 급진적이고 다차원적인 특성에 따라 이를 이해하는 것이 중요하다. 언제나 환경을 세계라는 개념에 통합해야 한다. 자기환경조직된 존재를 주체라는 개념으로 통합해야 한다.

적어도 진화론에서는 조용히 지나간 것, 즉 창의성과 창조성을 인정해야 한다. 노엄 촘스키(Noam Chomsky)는 창조성을 기초적인 인류학 현상으로 인정했다. 그리고 창조성은 역사의 진화보다 훨씬 더 놀라운 방식으로 모든 생물학적 진화의 특징이 된다. 역사의 진화는, 세포가 만들어내는 경이로움을 위시한 모든 생명의 창조를 재인식하는 것과 거리가 있다.

전통 과학은 사고, 사건, 운, 개별적인 것을 배제했다. 이를 재통합하려는 시도는 과거의 패러다임에서는 단지 반과학적인 것처럼 보였을 뿐이다. 전통 과학은 우주와 주체를 배제했다. 또한 중간 지대에 머물기 위해 알파와 오메가를 배제했다. 하지만 전설 속 날아다니는 양탄자 같은 이 중간 지대는 사람들이 거시 영역(천문학, 상대성 이론)과 미시 영역(미립자 물리학) 속으로 깊이 들어감에 따라 점차 대단히 초라하고 미신적인 것으로 드러났다. 본질적인 문제, 지식의 중대한 문제는 언제나 형이상학적인 것으로 취급되었고, 철학의 떠도는 유령, 그러니까 정신, 자유 같은 것이 되었다. 과학은 점점 더 생기를 잃어갔지만, 이해 시스템으로서 과학의 실패는, 조작 시스템으로서 [과학의] 성공에 의해 은폐되었다. 이 실패와 성공은 동시에 발생한 것이다.

간단히 말해 **새로운 과학**이 제안하는 것이 바로 이점이다. 그것의 연쇄적인 결과는 예측할 수 없다. 단지 과학의 대상이 과학에 들어맞아야 할 뿐만 아니라 과학도 그 대상에 들어맞아야 한다.

전통적인 양자택일 지양

우리가 따라가는 길에서 사람들은 전통적인 양자택일이 절대적인 위상을 잃어버리는 것 혹은 성격이 변화하는 것을 보게 된다. '이것도 아니고 저것도 아니다'와 '이것과 저것'이 '이것 또는 저것'을 대체한다. 우리가 보았듯이 통일성과 다양성, 양과 질, 주체와 대상의 대립도 마찬가지이다. 우리는 또한 전체론과 환원주의의 양자택일도 그렇다는 것을 보았다. 사실 환원주의는 늘 전체성이나 총체성 개념이 우월하다는 데 기반을 두는 '전체론적' 경향을 야기했다. 하지만 언제나 총체성은 아무것이나 어떤 방식으로든 대단히 그럴듯하게 포장하는 비닐봉지일 뿐이다. 총체성은 가득 찰수록 텅 빈다. 그런데 우리가 환원주의와 전체론 저너머로 끌어내리려는 것은, 바로 변증법적 발전에서 분석적-환원주의적 사유와 총체성의 사유를 연결하는 복잡한 통일이다. 우리는 나중에 복잡한 통일의 전제를 제시할 것이다. 만일 환원(기초적이고 단순한 통일을 추구하고, 시스템을 구성요소로 분해하며, 복잡한 것을 단순한 발생 기원으로 돌려버리는 것)이 과학 정신의 중대한 특성으로 남아 있다면, 그것은 유일하지도 않고 최종적인 것도 아니다.

이렇게 **새로운 과학**은 전통적 양자택일을 파괴하지 않고, 진리의 정수인 일원론적 해결책을 도출하지도 않는다. 하지만 〔새로운 과학 덕분에〕양자택일에서 선택된 항(項)은 좀더 폭넓은 통찰 속에서 대립적이고 모순적인, 그러면서 동시에 상보적인 항이 된다. 이 폭넓은 통찰은 새로운 양자택일에 부딪히고 맞서야 한다.

패러다임 전환

여기에서 우리는 엄청난 (결코 일어날 것 같지 않은 엄청난) 혁신에 다가간다. 이 혁신은 서구 과학의 (그리고 과학을 부정하는 것 혹은 과학을 보충하는 것으로서의 형이상학의) 거대한 패러다임과 관련된다. 패러다임 안에 결점과 균열이 증대하지만 이 패러다임은 유지된다.

패러다임, 즉 모든 사유 시스템의 요체에 영향을 미치는 것은 동시에 존재론, 방법론, 인식론, 논리학, 그리고 결과적으로 관습, 사회, 정치에도 영향을 미친다. 서구 존재론은 실체, 정체성, (선적) 인과성, 주체, 대상 같은 닫힌 개체에 기반을 두었다. 이 개체들은 서로 소통하지 않고 대립하여 (주체와 대상의 관계처럼) 하나가 다른 하나를 몰아내거나 무시했다. 따라서 '현실'은 명석판명한 사고로 파악할 수 없다.

이런 의미에서 과학적 방법론은 환원주의적이고 양적이다. 환원주의적이라고 한 이유는 더 이상 분해될 수 없는 기본 단위에 도달해야 하기 때문이다. 그리고 이 기본 단위들만이 명석판명하게 파악될 수 있다. 양적이라고 한 이유는 이 단위들은 기본적으로 계산하는 데 도움이 되기 때문이다. 서구 논리학은 모순과 빗나감을 배제해 담론의 평형을 유지하려 하는 자동제어의 논리학이었다. 이는 사유의 발전을 통제하거나 조종했다. 하지만 그 자체는 분명히 발전할 수 없는 영역으로 상정되었다. 인식론은 늘 검사하는 세관원 혹은 금지하는 공권력 역할을 수행했다.

상상력, 영감, 창조 없이 과학의 진보는 불가능했을 텐데, 이것들은 과학 안으로 몰래 들어왔을 뿐이다. 이들은 논리적으로 탐지될 수 없었고, 언제나 인식론적으로 비난받았다. 사람들은 중요한 학자들의 전기에서나 그걸 이야기했지, 결코 그들의 입문서나 개론서에서는 이야기하지 않았다. 그것들은 처음에 몽상, 가설, 아이디어 증식, 창조, 발명이었으며 화석화되고 압축되어

석탄 지하층처럼 축적되면서 형성되었다.

데카르트주의의 정신분열적 이분법과 성직자적 청교도주의의 산물인 이 서구 패러다임은 실천(praxis)의 이중 측면을 요구한다. 즉 한편으로는 주체가 문제 되자마자 실천은 인간중심주의적, 자민족중심주의적, 자기중심주의적인 것이 된다. (왜냐하면 실천은 인간, 국가, 민족, 개인 같은 주체의 자기 숭배에 기반을 두기 때문이다.) 다른 한편으로는 첫 번째 측면과 관련해, 대상이 문제 되자마자 그것은 조작 가능하며 차갑고 '객관적'인 것이 된다. 이는 합리화와 효율성을 동일시하고, 효율성과 계수할 수 있는 결과를 동일시하는 것과 관련이 있다. 그것은 분류하고 물화하는 모든 경향과 분리될 수 없다. 이 경향은, 명백하게 '비합리적이고' '감정적이고', 낭만적이고, 시적인 반대 경향에 의해 가끔은 대단히 많이, 가끔은 아주 조금 교정된다.

사실 비합리적인 부분, 저주받은 부분, 축복받은 부분이, 인간 현실 (그리고 어쩌면 세계 현실)의 무거우면서 지극히 가볍고 몽환적인 측면에 대한 책임을 떠안았다. 여기서 시(詩)는 그것의 정수를 마시고 토해냈다. 그리고 이 정수는 여과되고 증류되어 언젠가 과학이라고 불릴 것이며 그렇게 불려야 한다.

사람들은 패러다임 개혁의 급진성과 폭을 어렴풋이 보았다. 더 단순하고 기본적이고 더 '유아적인' 것이 있다는 의미에서,

패러다임 개혁은 이성적 사고의 기초와 몇몇 초기 개념 사이의 인력-척력 관계를 변화시켰다. 모든 이성적 사고의 구조와 모든 가능한 논증적 발전은 이 변화에 달려 있다. 이것이 당연히 가장 어려운 것이다. 하지만 어려운 것을 화자와 청자가 동시에 승인한 단순한 전제로 설명하는 일보다 쉬운 것은 없다. 따라서 동일한 선로와 신호 시스템이 있는 노선 위에서 치밀한 사고를 계속해나가는 일이야말로 가장 간단하다. 그러나 주춧돌 개념, 지적 체계를 지탱하는 묵직하고 기본적인 생각을 변화시키는 일보다 어려운 것도 없다.

사실 사고 시스템의 모든 구조는 전복되고 변화되며, 사고의 모든 거대한 상위 구조는 붕괴된다. 우리는 바로 이에 대비해야 한다.

복잡성 패러다임[■]

복잡성에 대한 질문이 단지 오늘날 과학의 새로운 발전에서 제기되었다고 생각해서는 안 된다. 예컨대 일상생활처럼 일반적으로 눈에 띄지 않는 영역에서 복잡성을 검토해야 한다.

복잡성은 19세기와 20세기 초에 나온 소설에서 처음 묘사되었다. 바로 이 시기에 과학은 보편적인 법칙과 단순하고 닫힌 정체성만을 고수하려고 개별적이고 특이한 것을 제거하려 애썼고, 세계를 통찰하는 시간을 몰아냈다. 하지만 반대로 소설(프랑스에서는 발자크, 영국에서는 디킨스)은 자신만의 맥락과 시간 속에 있는

[■] 이 글은 조시안느 불라드 아유브(Josiane Boulad-Ayoub)의 지도로 편찬된《문화, 기호, 비평(Culture, signes, critiques)》, Presses de l'Université du Québec, 1988 (Cahiers Recherches et théories, Coll. "Symbolique et idéologie", n° S 16). pp. 65-87에서 발췌한 것이다.

특이한 존재를 보여주었다. 가장 자연스러운 일상생활은 사실 사람들이 집이나 일터에서 친구들이나 낯선 이들과 함께하는 상황에 따라 다양한 사회적 역할을 수행하는 생활이다. 우리는 여기에서 각 존재의 내면에 다양한 정체성과 인간성, 자신의 삶과 동행하는 환상 및 꿈이 있음을 알 수 있다. 예를 들면 윌리엄 포크너의 작품에서 잘 드러나는 내면의 독백이라는 테마는 이 복잡성의 일부가 된다. 사람들은 자기 자신을 거의 알지 못한다는 사실을 드러내 보이듯이, 영속적으로 흘러가는 듯한 이 내면의 독백(inner-speech)은 문학작품에서 종종 드러난다. 이는 영어로는 자기기만(self-deception), 즉 자신에게 하는 거짓말이라고 불린다. 우리는 자신의 겉모습만 알 뿐, 자신에게 속고 있다는 말이다. 장 자크 루소나 샤토브리앙처럼 진지한 작가조차 진실하고자 노력하면서도 자신에게 중요한 무엇인가를 늘 잊어버리고 있었다.

타자와의 양면적 관계, 표도르 도스토옙스키에게 일어난 것과 같은 인간성의 완전한 변화, 파브리스 델 동고(스탕달의 소설 《파르마의 수도원》의 주인공─옮긴이)나 안드레이 공작(톨스토이의 소설 《전쟁과 평화》의 주인공─옮긴이) 같은 사람의 이야기가 이유는 잘 모르겠지만 우리를 사로잡는다는 사실, 프루스트의 《잃어버린 시간을 찾아서》와 《되찾은 시간》의 마지막 부분이 잘 보여주듯 사람은 시간이 지나면서 변해간다는 사실, 이 모두는 단지 사회가 복잡할 뿐 아니라 인간 세계에 있는 각각의 원자[개인] 역시 복잡하다는 사실을 가르쳐준다.

21세기에 과학의 이상은 정확히 이와 반대된다. 이 이상은 19세기 초 라플라스의 세계관에서 확인된다. 데카르트에서 뉴턴에 이르는 과학자들은 우주를 결정론적이고 완벽한 기계로 이해하려 했다. 그런데 데카르트와 마찬가지로 뉴턴은 이 완벽한 세계가 어떻게 만들어졌는지 설명하기 위해 신이 필요했던 반면, 라플라스는 신을 제거했다. 나폴레옹이 "그런데 라플라스, 그대의 체계 속에서 신은 무엇이오?"라고 묻자 라플라스는 "전하, 저는 그 [신의 존재라는] 가정이 필요하지 않습니다"고 대답했다. 라플라스에게 세계는 그 자체로 충분한, 완벽하고 결정론적인 기계였다. 그는 지성과 무한한 감각이 있는 악마가 과거와 미래의 모든 사건을 안다고 가정했다. 사실 신 없이 지낼 수 있으리라고 믿은 이러한 생각은 세계에 신성의 속성, 예를 들면 완벽성, 절대적 질서, 불멸성과 영원성 등을 끌어들였다. 그런데 바로 이 세계가 작동이 잘 안 되고 분열을 일으킬 터였다.

단순성 패러다임

복잡성 문제를 이해하려면 우선 단순성 패러다임이 있다는 것을 알아야 한다. 하나의 패러다임은 중심 개념과 주요 개념, 주요 원칙을 잇는 아주 강력한 논리적 관계로 구성된다. 이 관계와 원칙은 무조건 자신의 권위에 복종하는 방식의 설명을 요구한다.

이와 같이 단순성 패러다임은 세계에 질서를 부여하고 무질서를 몰아낸다. 질서는 하나의 법, 하나의 원칙으로 환원된다. 단순성은 일자이거나 다수이지, 일자가 동시에 다수가 된다고 생각하지 못한다. 단순성 원칙은 연결된 것을 나누거나(분리) 다양한 것을 통합한다(환원).

인간을 예로 들어보자. 인간은 명백히 생물학적인 존재이다. 하지만 또한 문화적이고, 메타 생물학적일 뿐 아니라 언어와 사고, 의식의 세계에서 사는 존재이기도 하다. 그런데 단순화 패러다임은 생물학적 현실과 문화적 현실이라는 이 두 가지 현실을 분리하거나 가장 복잡한 것을 가장 덜 복잡한 것으로 환원하도록 한다. 따라서 사람들은 생물학적 인간을 생물학 영역에서는 해부학적이고 생리학적인 존재처럼 다루고, 인문사회과학 영역에서는 문화적 인간을 다룰 것이다. 사람들은 뇌를 생물학적 기관으로, 정신을 심리학적 기능이나 현실로 다룰 것이다. 사람들은 이 두 현실이 각각 다른 용어와 개념으로 다루어지지만, 실은 하나는 다른 하나 없이는 존재하지 못한다는 것을, 심지어 하나는 동시에 다른 하나이기도 하다는 사실을 잊어버렸다.

단순화하려는 이러한 의지로 과학 지식은 현상의 명백한 다양성과 무질서 뒤에 숨은 단순성을 드러내려는 임무를 자기에게 부여했다. 이제 더 이상 믿을 수 없는 신을 제거해버린 과학자들은 어쩌면 무의식적으로 안심하고 싶은 욕구가 있지 않았을까. 물질적이고 소멸할 수밖에 없고 구원 없는 우주에 산다는 것을 알면서도 그들은 무엇인가 완벽하고 영원한 것, 즉 우주 자체가 있다는 사실을 믿고 싶어 한다. 아주 강력한 이 신화는 많은 열매를 맺었다. 왜냐하면 우주의 거대한 법칙의 탐색이 중력이나 전자기학, 강하다가 약해지는 핵의 상호작용 같은 중대한 법칙의 발견으로 이끌었기 때문이다.

오늘날에도 과학자들과 물리학자들은 다양한 법칙 사이의 연관 관계를 찾으려 한다. (이 다양한 법칙들로 유일하고 진정한 법칙을 만들어낼 수도 있을 것이다.)

이런 유의 강박관념은 우주가 형성될 때에 사용된 주춧돌을 찾으려는 연구로 귀결된다. 사람들은 분자 안에서 기초적인 단위체를 찾으리라 믿었다. 관찰 도구의 발달은 분자 자체가 원자들로 구성되었다는 사실을 밝혀주었다. 그후 사람들은 원자가 핵과 전자로 구성된 아주 복잡한 시스템이라는 것을 알게 되었다. 그래서 소립자가 기초 단위체가 되었다. 그후 소립자는 이론적으로 쿼크로 나뉜다는 것까지 알게 되었다. 사람들이 우주가 형성될 때 사용되었던 주춧돌을 손에 넣자 이것은 돌 자격을 상실해버렸다. 그것은 따로 분리할 수 없는 복잡하고 불분명한 개체가 되었다.

게다가 19세기에 물리적 세계 속에 무질서가 뜻하지 않게 출현하는 중대한 사건이 나타났다. 사실 니콜라 카르노(Nicolas Carnot)와 루돌프 클라우시우스(Rudolf Clausius)가 공식화한 열역학 제2법칙은 초기에는 에너지 감손(減損)의 법칙이었다. 에너지 보존에 관한 열역학 제1법칙은 에너지는 열의 형태 아래에서 감손된다는 원칙을 수반한다. 모든 활동, 모든 노동은 열을 생산한다. 다시 말해 모든 에너지의 사용은 전술한 에너지를 감산한다.

루트비히 볼츠만(Ludwig Boltzmann)은 열이란 사실상 분자와 원자의 무질서한 운동이라는 점을 일깨워주었다. 우리는 물이 담긴 용기를 데우면 물이 끓어오르면서 분자의 소용돌이가 생기는 것을 확인할 수 있다. 모든 분자가 흩어질 때까지 분자들은 대기로 날아간다. 실질적으로 우리는 전체적인 무질서에 다다른다. 따라서 무질서는 물리적인 우주에서 모든 노동, 모든 변형과 연결되는 것이다.

세계 속의 질서와 무질서

20세기 초 세계에 대한 성찰은 역설에 봉착했다. 한편으로 열역학 제2법칙은 우주가 보편적인 엔트로피, 즉 최대 무질서로 향한다는 사실을 가리킨다. 다른 한편으로 바로 이 우주에서 사물은 조직되고 복잡해지고 발전한다.

지구에만 한정해보면 어떤 이들은 살아 있는 조직과 물리적 조직의 차이가 중요하다고 생각한다. 즉 물리적인 조직이 쇠퇴하는 경향이 있다면, 더 정교하고 특별한 물질로 된 유기체는 발전한다. 여기서 사람들은 두 가지를 잊어버리고 있다. 첫째, 어떻게 물리적 조직체가 구성되었느냐는 것이다. 어떻게 별이 형성되었는가, 어떻게 분자가 형성되었는가 말이다. 둘째, 삶은 개개인의 죽음을 대가로 한 진보라는 것, 생물학적 진화는 셀 수 없이 다양한 종의 죽음을 대가로 한다는 것, 생의 원천에서 사라진 종의 수가 살아남은 종보다 훨씬 더 많다는 사실을 잊어버린다는 것이다. 감손과 무질서 또한 삶에 관련된다.

따라서 그러한 이분법은 존립할 수 없다. 사람들은 서로 적대하던 무질서와 질서가 우주를 조직하는 데 어떤 방식으로든 함께 작동한다는 것을 고작 몇 십 년 전에야 깨달았다. 예를 들어 사람들은 앙리 베나르(Henri Benard)의 소용돌이에서 깨달음을 얻었다. 액체가 담긴 실린더 아래쪽에 열을 가해보자. 일정한 온도가 되면 액체가 증가하는 대신, 물이 끓어오르며 표면에 규칙적으로 배열되는 육각형 세포를 만들면서 지속적인 소용돌이 형태를 만들어낸다.

어떤 흐름과 장애물이 만나면 소용돌이, 즉 일정하고 끊임없이 재형성되는 조직된 형태가 자주 만들어진다. 강물의 한 흐름과 그와 반대되는 흐름이 결합되면 적어도 흐름이 지속되는 한, 그리고 다리의 아치가 거기에 있는 한 영원히 지속될 조직된 형태가 만들어진다. 즉 조직적 질서(소용돌이)는 무질서(난류)를 만드는 과정에서 태어난다.

이러한 생각은, 1960~1966년경부터 사람들이 점점 더 이해할 만한 견해에 도달했을 때 우주 차원으로 확대되었다. 에드윈 허블이 은하계가 확장된다는 사실을 발견하면서 우리는 우주 역시 팽창하고 있음을 알게 되었다. 이 우주로부터 동위체 방사가 사방에서 발생한다. 마치 빅뱅에서 발생한 화석 잔류인 것처럼 말이다. 여기에서 우주의 기원이 폭발, 즉 **빅뱅**이라는 이론이 생겨났다. 이 이론은 현재 천체물리학자들의 세계에서 지배적인 이론이다. 이는 아주 놀랄 만한 사고, 즉 우주는 분열로 시작된다는, 그리고 분열되면서 우주가 조직되었다는 사고로 이끈다. 사실 열을 발생시키는 이 강렬한 동요 과정에서 소립자가 형성되고 몇몇 소립자는 서로 결합한다. (사실 열은 동요, 혼란, 모든 방향으로의 움직임에서 발생한다.)

이렇게 해서 헬륨과 수소의 핵이 만들어진다. 그런 후 중력과 인력에 기인한 다른 과정들이 소립자 먼지를 모으고, 이 먼지는 열이 증가해 폭발할 만한 온도에 이를 때까지 점점 더 단단히 뭉칠 것이다. 그러다 먼지가 폭발하면서 별들이 발화하고, 이 별들은 그 자체로 내파와 폭발 사이에서 자동 조직된다.

그리고 우리는 이 별들의 내부에서는 헬륨의 핵 세 개가 극도로 무질서한 가운데 간혹 서로 결합해 탄소 원자를 구성한다고 가정할 수 있다. 지속되는 태양계 속에서 지구라는 이 작은 변두리 행성에는 필요한 탄소가 충분히 있을 것이다. 이 물질〔탄소〕 없이는 우리가 생명이라고 부르는 것도 없을 것이다.

우리는 동요와 우연한 부딪힘이 우주의 조직에 필요한 이유를 보았다. 세계는 파괴되면서 조직되는데, 바로 여기에 전형적인 복잡한 사고가 있다. 논리적으로 상반되는 것처럼 보이는 두 개념인 질서와 무질서를 결합해야 한다는 점에서 그렇다. 사람들은 사고의 복잡성을 더욱더 본질적이라고 생각할 것이다. 사실 세계는 비시간에서 시간을, 비장소에서 장소를, 비물질에서 물질이 탄생하는, 말로 표현할 수 없는 순간에 탄생한다. 사람들은 완전히 합리적인 수단을 사용해서, 근본적인 모순을 포함한 사고에 도달한다.

질서, 무질서, 조직 관계의 복잡성은, 어떤 조건에서는 그리고 어떤 경우에는 조직된 현상을 만들어내기 위해 무질서한 현상이 필요하다는 점을 인정할 때 드러난다.

생물학적 질서는 물리적 조직보다 더 발전된 질서이며 생명과 함께 발전해왔다. 동시에 생명의 세계는 물리의 세계보다 훨씬 더 많은 무질서를 포함하고 무질서에 훨씬 더 관대하다. 달리 말하자면 무질서와 질서는 점차 복잡해지는 조직 한가운데서 점차 커져간다.

우리는 여기서 기원전 7세기경 헤라클레이토스가 "죽음으로 살고, 삶으로 죽는다"고 한 말을 인용할 수 있다. 우리는 이 말이 시시한 역설이 아니라는 사실을 잘 안다. 우리의 신체 기관은 끝없이 일하기에 살아 있다. 일하는 동안에 우리 세포의 분자들은 점차 감소한다. 세포의 분자들이 감소할 뿐만 아니라 세포 그 자체가 죽어간다. 우리 삶이 끊임없이 지속되는 동안 뇌세포와 몇몇 간세포를 제외하고는 세포는 여러 차례 재생된다.

어떤 면에서 산다는 것은 끊임없이 죽고 다시 젊어진다는 것을 말한다. 달리 말하면 사람은 자기 세포가 죽음으로써 살아가는 것이다. 마치 사회가 개별 구성원들의 죽음으로 살아가고 그 죽음이 사회를 다시 젊어지게 하는 것처럼.

하지만 우리는 젊어진 덕분에 늙어가고, 젊어지는 과정은 망가지고 고장이 난다. 만일 우리가 죽음으로써 산다면 우리는 삶으로써 죽는다.

오늘날 우리가 우주를 물리적으로 이해할 경우 단순한 용어로 사고할 수 없다. 미시물리학은 첫 번째 역설에 봉착했는데, 여기서는 물질이라는 개념 자체는 실체를 잃어버렸고, 소립자라는 개념은 내재된 모순을 발견했다. 그후 미시물리학은 두 번째 역설에 봉착했다. 이는 소립자가 무한한 속도로 소통한다는 것을 보여준 알랭 아스페(Alain Aspect)의 실험에서 기인한다. 달리 말하면 우리의 시간과 공간에 종속된 우주에는 시간과 공간을 벗어나는 듯한 무엇인가가 있다.

우주에는 그러한 복잡성이 있고, 일련의 모순이 나타났다. 몇몇 과학자는 새로운 형이상학이라고 불리는 데서 이 모순을 극복했다고 믿는다. 이 새로운 형이상학자들은 신비주의, 특히 동아시아 불교의 신비주의에서 비어 있음이 곧 전체라는 체험, 전체가 곧 아무것도 아니라는 체험을 찾는다. 거기에서 모두가 연결되어 조화를 이룬다는 근본적인 통일성을 인지하고 세계를 조화롭게 통찰(행복한 통찰이라고 말하고 싶다)한다.

내 생각에 그들은 이렇게 하면서 복잡성을 피해 갔다. 왜냐하면 복잡성이란 사람들이 비극적인 모순을 뛰어넘지 못하는 바로 그곳에 있기 때문이다. 어떤 면에서 현재의 물리학은 시간과 공간을 벗어나는 무엇인가를 발견했지만, 우리가 이론의 여지없이 시간과 공간 안에 있다는 사실은 변함이 없다.

사람들은 이 두 가지 생각을 조화시키지 못한다. 그렇다면 그것을 있는 그대로 받아들여야 하는가? 복잡성을 수용한다는 것은 모순을 수용하는 것이고, 또한 세계에 대한 행복을 자아내는 통찰 속에 모순을 감춰버릴 수는 없다는 생각이기도 하다.

당연히 우리가 사는 세계엔 조화가 내포돼 있지만, 이 조화는 부조화와 연결된다. 이는 헤라클레이토스가 부조화 안에 조화가 있고, 그 반대도 마찬가지라고 말했던 바로 그것이다.

자 기 조 직

실제 세계의 복잡성을 이해하기는 어렵다. 이와 마찬가지로 물리학자들은 다행히 과거의 순진한 유물론, 즉 모든 생산적인 미덕을 부여받은 실체인 물질에 대한 유물론을 버렸다. 왜냐하면

이 실체적인 물질이 사라졌기 때문이다. 따라서 그들은 물질을 정신으로 대체했다. 하지만 일반적인 유심론은 일반적인 유물론보다 나을 것이 없다. 둘은 우주를 통합하고 단순화해서 통찰하는 가운데 다시 만난다.

우선 물리학을 거론했지만 생물학도 마찬가지이다. 생물학은 오늘날 개인적인 것을 보편적인 것에 용해시키지 않으면서 복잡성의 관문에 도달했다.

사람들은 보편적인 것에 관한 과학만 있을 뿐이라고 생각했다. 하지만 오늘날에는 우리가 〔보편적인 게 아니라〕 특이한 우주에 살고 있음을 알려주는 것이 단지 물리학뿐만은 아니다. 생물학에서도 종(種)은 보편적인 틀(그 틀 안에서 특이한 개체가 생겨나고, 종은 그 자체로 아주 특이한 **패턴**이며 특이성의 생산자이다)이 아니라고 말한다. 게다가 같은 종의 개체라도 서로 매우 다르다.

하지만 특이성을 넘어서는 것, 혹은 개체와 개체의 차이를 넘어서는 것이 있음을 이해해야 한다. 이는 각각의 개체는 주체라는 사실을 이해하는 것이다.

주체라는 단어는 가장 어려우면서도 잘못 이해되는 단어 중하나이다. 왜냐하면 모든 것이 결정되어 있다는 전통 과학의 통찰에서는 주체도 의식도 자율성도 존재하지 않기 때문이다.

만일 우리가 엄격한 결정론에서 벗어나 스스로 창조되고, 우연과 무질서 속에서만 창조되는 것이 아니라 자기조직의 과정 (그 속에서 각 시스템은 자기 고유의 결정과 합목적성을 만들어낸다)에서 창조된다는 것을 이해한다면, 최소한 자율성은 이해할 수 있다. 또 주체가 된다는 것의 의미를 이해할 수도 있을 것이다.

주체가 된다는 것은, 의식적인 존재가 된다는 것을 의미하지는 않는다. 분명히 인간의 주체성은 감성, 감정과 함께 발전하지만, 주체가 감성과 감정을 지녔다는 것을 의미하지도 않는다. 주체가 된다는 것은, 고유한 자기 세계의 중심에 있으며 '나'라는 위치를 차지한다는 것이다. 당연히 모든 사람이 '나'라고 말할 수 있지만, 각자는 단지 자신을 위해서만 '나'라고 말할 수 있다. 아무도 타인을 위해 그렇게 말할 수 없다. 비록 자기와 똑닮은 동형 접합체인 쌍둥이 형제가 있다고 해도 사람들은 자신을 위해서만 '나'라고 말할 수 있다.

'나'라고 말할 수 있다는 것, 〔내가〕 주체라는 것은 다시 말해 어떤 자리, 어떤 위치를 차지한다는 것이다. 사람들은 세계를 다루고 자기 자신을 다루기 위해 세계의 중심에 자기 자신을 위치시킨다. 우리는 이를 자아중심주의라고 부를 수 있다. 우리가 우리 세계의 중심에 자기 자신을 놓고 또한 우리 가족들, 즉 부모와 자녀, 동향 사람을 놓을 때, 그리고 심지어 그들을 위해 우리의 삶을 희생할 때조차 이는 개인적인 복잡성에 속한다. 우리의 자아중심주의는 좀더 큰 공동체적 주관성 속에 포함될 수 있으므로 주체라는 개념에 대한 이해는 분명 복잡할 것이다.

주체가 된다는 것은 완전히 종속돼 있으면서 자율적인 존재가 된다는 것이다. 이는 잠정적이고 불분명한 어떤 사람이 되는 것이며, 자신에겐 거의 모든 것이지만 우주에서 볼 때는 거의 아무 것도 아닌 존재가 된다는 뜻이다.

자 율 성

인간의 자율성은 사회 문화적인 상황에 의존하기 때문에 복잡하다. 우리는 언어, 문화, 지식을 배워야 하고 이 문화는 축적된 사고들 중에서 선택하고 자율적으로 숙고하도록 충분히 다양해야 한다. 따라서 이 자율성은 의존적이다. 즉 우리는 교육, 언어, 문화, 사회에 의존하며, 당연히 두뇌(두뇌는 그 자체로 유전적 프로그램의 산물이다)와 유전자에도 의존한다.

우리는 유전자에 의존하며 유전자에 사로잡혀 있다. 왜냐하면 유전자는 우리가 계속 살아갈 방법을 우리의 신체기관에 끝없이 알리고 명령하기 때문이다. 그런데 거꾸로 우리는 우리를 사로잡고 있는 유전자를 사로잡고 있기도 하다. 즉 우리는 유전자 덕분에 두뇌와 정신을 가질 수 있고, 문화에서 흥미로운 요소를 얻을 수도 있으며 사고를 발전시킬 수도 있다.

문학작품, 특히 도스토옙스키의 《악령》 같은 소설은 우리가 얼마나 자율적인지 그러면서 또한 무엇에 사로잡혀 있는지를 잘 보여준다.

《의식의 기원》[1]은 이론의 여지가 있지만 다음과 같은 측면에서 흥미로운 책이다. 고대문명에 속한 개인은 자신의 정신 안에 서로 통하지 않는 두 개의 방을 갖고 있다. 하나는 왕, 신정정치, 신들과 같은 권력으로, 다른 하나는 개인적이며 사적인 걱정거리 같은 일상생활로 채워져 있었다. 고대 그리스 도시에서 어느 순간이 되자 이 두 방을 가르던 벽이 무너졌다. 의식의 기원은 바로 이 〔두 개의 방 사이의〕 소통에서 시작된다.

오늘날에도 우리는 우리 안에 두 개의 방을 간직하고 있다. 거기에 우리의 일부가 사로잡혀 있으나, 우리는 이 사실을 자주 무시한다.

이중 최면 암시에 주체를 종속시키는 아주 놀라운 실험을 예로 들어보자. 피실험자는 흡연자인데 금연을 요청하지 않았다. 하지만 실험자는 그에게 "내일부터 당신은 담배를 끊을 겁니다"고 말하고 "내일 당신은 출근하려고 이러이러한 길로 갈 겁니다"고 덧붙인다. 이 길은 그에게 낯선 길이다. 그런 다음 실험자는 피실험자가 기억 속에서 이 명령을 지우게 한다. 다음 날 그는 잠에서 깨자 "자, 나는 금연할 거야. 사실 그게 더 나아. 호흡도 더 편할 것이고, 암도 피할 수 있으니까"라고 생각한다. 그후 "그 보상으로 나는 어느 거리로 가는 거야. 거기에는 과자 가게가 있고, 나는 나를 위해 과자를 살 거야"라고 생각한다. 그 가게는 실험자가 지시했던 바로 그 길에 있다.

여기에서 흥미로운 점은, 피실험자가 자신이 금연하겠다고 자유롭게 결정했고, 그쪽으로 갈 이유가 전혀 없던 길로 가기로 자신이 합리적으로 결정했다고 느낀다는 점이다. 얼마나 자주 우리는 자유롭지 못하면서도 자신이 자유롭다고 느끼는지 모른다. 하지만 그와 동시에, 우리는 자유롭게 행동의 가설을 실험하고 선택하고 결정을 내릴 수 있는 정도로 자유롭기도 하다. 우리는 자유, 자율성과 타율성의 혼합물이다. 나는 단순히 정신분석학자가 제시한 무의식의 힘만이 아니라 심지어 불가사의한 힘에 사로잡히는 일까지도 말할 것이다.

복 잡 성 과   완 전 함

초기에 복잡성은 일종의 틈, 혼란, 어려움으로 나타났다. 당연히 여러 종류의 복잡성이 있는데, 나는 이를 편의상 **보편적인** 복잡성이라고 한다. 하지만 무질서, 특히 논리적 모순과 연결된 다른 복잡성과 연결된 복잡성도 있다.

복잡한 것은 한편으로는 경험적 세계, 불확실함, 모든 것을 확신하지도 하나의 법을 세우지도 절대적인 질서를 구상해내지도 못하는 무능함에 속한다. 다른 한편으로는 논리적인 무엇, 즉 모순을 피하지 못하는 무능함에 속한다.

전통적인 통찰은 추론 도중에 모순이 발생하면 오류의 징조로 여겨 앞으로 되돌아가거나 다른 논증 방식을 취했다. 그런데 복잡한 통찰은 경험적이고 합리적인 길을 따라 모순에 도달하고, 이는 오류가 아니라 너무나 심오해서 우리의 논리로는 표현하지 못하는 현실의 깊은 층에 도달한 것을 의미한다.

여기에서 복잡성은 완전함과는 다르다. 복잡성을 지지하는 자는 사물에 대한 완전한 통찰력이 있다고 주장한다. 왜 그렇게 생각하는가? 왜냐하면 사람들이 사물을 서로 떨어뜨릴 수 없다고 생각하기 때문이다. 극단적으로는 모든 것은 서로 결속되어 있다. 만일 당신에게 복잡성의 감각이 있다면 결속의 감각도 있는 것이다. 게다가 당신은 모든 현실의 다차원적 성격에 대한 감각도 있다.

인문과학, 사회과학의 복잡하지 않은 통찰은 한쪽에는 경제적 현실이, 다른 한쪽에는 심리적 현실, 인구 통계적 현실 등이 있다고 생각하게 한다. 사람들은 보편성이 만들어낸 범주를 현실이라고 믿고, 경제적인 것에는 인간의 욕구와 욕망이 있다는 사실을 잊어버린다. 돈 뒤에는 정념의 세계와 인간 심리가 있다. 심지어 **엄밀한 의미의** 경제적 현상에는 최근 월스트리트나 다른 곳에서 볼 수 있는 군중이라는 현상, 공포라는 현상이 작동한다. 경제적 차원은 다른 차원을 포함하고, 일차원적인 방법으로는 어떠한 현실도 이해할 수 없다.

다차원성에 대한 의식은 모든 일차원적인 통찰이나 전문적이고 단편적인 통찰은 초라하다고 여기게 만든다. 모든 일차원적인 통찰은 다른 차원과 연결돼야 하기에 복잡성을 완전성과 동일시하는 믿음이 생겨난다.

어떤 의미에서 복잡성을 향한 열망은 완전성에 대한 열망을 포함한다. 왜냐하면 모든 것은 결속되어 있으며 다차원적이기 때문이다. 하지만 다른 의미에서 복잡성에 대한 의식은 우리는 결코 불확실성에서 벗어날 수 없고 총체적인 지식을 얻지 못한다는 사실, 즉 "전체는 비진리이다"는 사실을 이해하게 한다.

우리는 불확실하고, 구멍투성이에, 확실성의 절대적 토대가 전혀 없는 사고에서 벗어나지 못한다. 하지만 우리는 이러한 극단적인 조건에서도 사고할 수 있다. 또한 복잡성과 '얽혀 있음

(complication)'을 혼동하면 안 된다. 상호작용-반작용의 극단적인 복잡함 상태인 '얽혀 있음'은 복잡성의 일면이며 한 요소이다. 예컨대 한 박테리아가 몬트리올을 둘러싼 공장 전체보다 훨씬 더 복잡하다면, 이 '얽혀 있음' 자체는 분명 복잡성과 연결된다. 이 복잡성은 스스로 무질서를 허용하고, 자기를 공격한 적과 맞서 싸우고, 주체의 특성을 가지게 된다.

이 성 ,   합 리 성 ,   합 리 화

나는 복잡한 우주를 이해하는 도구에 주목했다. 이 도구는 분명히 합리적이다. 여기에서도 이성이라는 개념에 대해 복잡한 방식으로 자기비판해야 한다.

이성은 현상과 사물, 세계에 대해 정합성 있는 통찰력을 얻으려는 의지와 상응한다. 이성은 이론의 여지없이 논리적이다. 하지만 여기에서는 합리성과 합리화를 구분해야 한다.

합리성이란 논리적인 구조를 만들고 그 구조를 세계에 적용하는 우리의 정신과, 실재 세계와 대화하는 우리의 정신 간의 끊임없는 유희이자 대화이다. 실재 세계가 우리의 논리 시스템에 잘 들어맞지 않을 때, 우리는 우리의 논리 시스템이 불충분하며 오직 실재의 한 부분에만 들어맞는다는 사실을 인정해야 한다. 어떤 의미에서 합리성은 논리 시스템에서 결코 실재 전체를 철저히 파헤치겠다는 의지를 가질 수 없다. 하지만 합리성은 그 합리성에 잘 들어맞지 않는 대상과 대화하겠다는 의지를 가질 수는 있다. 셰익스피어가 말했듯이 "세계에는 철학 속에 있는 것보다 훨씬 더 많은 것이 있다". 세계는 뇌 구조가 (뇌 구조가 아무리 많이 발전했다고 해도) 이해하는 것보다 훨씬 더 풍요롭다.

합리화란 무엇인가? 합리화라는 단어는 프로이트와 많은 정신의학자들이 병리학에서 아주 적절히 사용했다. 합리화는 현실을 정합성 있는 시스템 안에 가두려 한다. 그리고 현실에서 이 정합성 있는 시스템과 모순되는 것은 모두 배제되고, 잊혀지고, 밀려나고, 착각이나 가상으로 이해된다.

여기에서 우리는 합리성과 합리화는 근원이 동일하지만 각자 발전해가면서 서로 적이 되어갔다는 사실을 깨달을 수 있다. 그런데 어느 순간에 합리성에서 합리화로 넘어가는지는 대단히 알기 어렵다. 거기에는 경계가 없고 경보도 울리지 않는다. 우리는 철학과 마찬가지로 정치에서 우리의 정신에 반대되는 것을 배제하려는 무의식적 경향이 있다. 우리는 반대 논쟁을 최소화하거나 배척할 것이다. 또 우리에게 유리한 것에 관심을 기울이고, 반대로 불리한 것은 외면할 것이다. 심지어 과학자들도 합리화하는 경향이 있다.

편집광이란 상식을 벗어난 합리화의 흔한 형태이다. 예를 들어 당신이 당신을 이상하게 쳐다보는 누군가를 본다고 하자. 만일 당신이 약간 편집광적인 사람이라면 당신은 그 사람이 당신을 미행하는 간첩이라고 가정할 것이다. 따라서 당신은 사람들을 간첩이라고 의심하면서 쳐다보고, 그 사람들은 당신의 이상한 시선을 느끼면서 점점 당신을 이상하게 쳐다볼 것이다. 결국 당신은 합리적으로 점점 더 많은 간첩들에게 둘러싸이게 된다.

편집광, 합리화, 합리성 사이에는 명확한 경계가 없다. 우리는 끊임없이 주의해야 한다. 18세기 철학자들은 이성이라는 이름으로, 신화와 종교에 대한 어느 정도 합리적인 견해를 내놓았다. 그들은 사제들이 사람들을 속이려고 종교와 신들을 만들었다고 생각했다. 그들은 인간 존재 안에 있는 종교적이고 신화적인 힘의 깊이와 현실을 고려하지 않았다. 여기에서도 그들은 자신의 이성이 이해하지 못하는 대상을 단순화해 설명하려는 합리화로 빠져든 것이다. 신화를 이해하려면 이성은 새롭게 발전해야 했다. 이를 위해 비판적 이성은 자기비판적이어야 했다. 우리는 끊임없이 이성의 신격화와 싸워야 한다. 하지만 이성은 비판적일 뿐 아니라 자기비판적인 한, 신뢰할 만한 인식을 위한 유일한 도구이다.

나는 다음의 중요성을 강조하려 한다. 20세기 초 프랑스의 뤼

시앵 레비 브륄(Lucien Lévy-Bruhl) 같은 서구 인류학자들은 오늘날에는 '수렵채취 사회'라고 일컫지만 당시에는 '원시적'이라고 생각했던 사회를 연구했다. 인류의 선사시대에 해당하고, 수백 명의 개인으로 구성된 이 사회는 수만 년 동안 어떤 의미로는 인류를 구성해왔다. 레비 브륄은 당대의 서구 중심적인 이성으로 소위 원시인을 마치 어린아이 같고 비합리적인 존재로 여겼다.

그는 루트비히 비트겐슈타인이 제임스 프레이저의 《황금 가지》를 읽으면서 자문했던 문제를 제기하지는 않았다. "주술 의식, 속죄 의식, 저주, 소묘 등을 하며 시간을 보내는 이 야만인들이 실제 전략을 가지고 활과 화살을 만드는 법을 잊어버리지 않았다니 어찌된 일인가."[2] 사실 원시적이라고 불리는 이 사회는 무척 합리적이다. 그들의 합리성은 온갖 활동과 세계에 대한 인식으로 확산되고 마법, 종교, 영혼에 대한 믿음 등과 뒤섞여 있다. 철학이나 과학 같은 합리성의 특정 영역을 발전시킨 문화에서 살아가는 우리도 그와 다른 종류의 신화와 마법에 젖어 있다. 따라서 우리는 논리의 착란을 유일하게 조절하는 자기비판적 합리성, 경험 세계와 끊임없이 관계하는 합리성을 가지려고 한다.

인간에게는 두 종류의 착란이 있다. 하나는 아주 뚜렷한데, 완전한 비정합성, 의성어, 우연히 발음된 단어들의 착란이다. 다른 하나는 훨씬 덜 뚜렷한 것으로, 완전한 정합성의 착란이다. 이 두 번째 착란에 대항하는 수단은 자기비판적 합리성과 경험에 의지하는 것이다.

철학은 결코 현실 세계의 이 놀라운 복잡성을 이해하지 못한다. 즉 우리는 양자, 퀘이사, 블랙홀이 있는 세계, 놀라운 기원을 가지며 불확실하게 생성하는 세계를 이해하지 못한다. 어떠한 사상가도 박테리아마저도 엄청나게 복잡한 존재임을 결코 상상하지 못한다. 우리는 발견과 영속적인 대화를 원한다. 우리가 착란에 빠지는 사태를 막아주는 과학의 미덕은 새로운 정보가 끝없이 생겨나고 그것이 우리의 통찰과 생각을 수정한다는 것이다.

거 대 개 념 의 필 요 성

실재의 복잡성을 사유하도록 도와주는 원칙 몇 가지를 정해보자.

무엇보다 나는 거대 개념이 필요하다고 생각한다. 하나의 원자는 소립자들이 이루는 성좌이듯, 태양계는 태양을 둘러싼 성좌이듯, 우리는 개념들이 이루고 있는 성좌와 개념들의 결합을 통해 사고하길 원한다.

개념은 경계가 아니라 핵으로 정의된다는 사실을 알아야 한다. 데카르트가 명석과 판별은 어느 한 사고의 진리에 내재된 특성이라고 생각했다는 점에서 이는 반데카르트적 사유이다.

사랑과 우정을 보자. 사람들은 사랑과 우정을 분명히 그것의 핵으로 식별하지만, 사랑 같은 우정, 우정 같은 사랑도 있다. 즉 사랑과 우정의 중간에 있거나 두 가지가 섞인 것도 있는 법이다. 그 사이에 명백한 경계는 존재하지 않는다. 중요한 것을 경계로 정의하려고 해서는 안 된다. 경계는 언제나 흐릿하고 대상을 간섭한다. 따라서 중심을 정의해야 하는데, 중심을 정의하려면 거대 개념이 필요하다.

세 가지 원칙

마지막으로 나는 복잡성을 사유하도록 도울 세 가지 원칙에 대해 이야기하겠다. 첫 번째는 내가 대화 관계적이라고 부르는 원칙이다. 살아 있는 유기체의 예를 들어보자. 유기체는 분명 두 종류의 화학-물리적 개체들이 만나 생겨난다. 하나는 스스로 재생산할 수 있는 항구적인 것으로, 이 항구성은 유전이 되는 기억 장치, 즉 DNA를 지닌다. 다른 하나는 굉장히 불안정하고 형태가 다양한 단백질을 형성하고, 파괴되지만 DNA에서 나오는 메시지로 끊임없이 재구축되는 아미노산이다. 다시 말해 두 가지 논리가 있다. 하나는 환경과 접촉하며 살고 현상계적 존재를 가능케 하는 불안정한 단백질의 논리이고, 다른 하나는 재생산을 보장하는 논리이다. 이 두 원칙은 단순히 병치된 것이 아니라 서로에게 꼭 필요하다. 생식 과정은 개인을 생산하고, 개인은 생식 과정을 만들어낸다. 이 두 원칙, 즉 초개인적 재생산 원칙과 **지금 여기의**(hic et nunc) 개인 존재 원칙은 상보적이면서 적대적이다. 가끔 사람들은 포유류가 자식을 잡아먹거나 자기가 살겠다고 새끼를 희생시키는 것을 보고 놀란다. 우리도 가족과 격렬하게 대립하고, 자식이나 부모보다 자기 이익을 앞세울 수도 있다. 이 두 원칙 사이에는 대화 관계적 논리가 있다.

내가 질서와 무질서에 대해 이야기한 것도 대화 관계적으로 인식될 수 있다. 질서와 무질서는 서로에게 적이다. 하나는 다른 하나를 제거하지만, 어떤 경우에는 서로 협력해 조직이나 복잡성을 만들어내기도 한다. 대화 관계적 원칙은 단일성 안에서 이중성을 유지하게 해준다. 그것은 상보적이면서 동시에 적대적인 두 항을 결합한다.

두 번째는 조직적 재귀의 원칙이다. 이 용어를 명확하게 정의하기 위해 소용돌이 과정을 상기시키겠다. 소용돌이의 각 순간은 생산물이자 동시에 생산자이다. 재귀적 과정이란 생산물과 결과가 동시에 생산의 원인이자 생산자이기도 한 과정을 말한다. 여기에서 개인, 종(種), 재생산의 예를 다시 떠올려보자. 개인은 각 개인에 앞선 재생산 과정의 생산물이다. 하지만 일단 우리가 생산물이 되면, 곧바로 앞으로 지속될 과정의 생산자가 된다. 이 생각은 사회학적으로도 유효하다. 사회는 개인들의 상호작용으로 생산됐지만, 사회가 한번 생산되자마자 이는 역작용을 일으켜 개인들을 생산해낸다. 만일 사회와 그 문화, 언어, 지식이 없었다면 우리는 인간적인 개별자가 되지 못했을 것이다. 달리 말해 개인은 개인을 생산하는 사회를 생산한다. 우리는 생산물인 동시에 생산자이다. 재귀적 사고는 원인-결과, 생산물-생산자, 구조-초구조의 선적 사고와 단절된 사고이다. 왜냐하면 모든 생산물은 그 자체로 자기구성적이고 자기조직적이며 자기생산적으로 순환하면서 생산된 것으로 되돌아가기 때문이다.

세 번째는 홀로그램 원칙이다. 물리적 홀로그램에서 보자면, 홀로그램 이미지의 가장 작은 점은 재현된 대상에 관한 전체 정보를 포함한다. 부분이 전체에 속할 뿐 아니라 전체가 부분 안에 있다. 홀로그램 원칙은 생물학적 세계와 사회학적 세계에도 있다. 생물학적 세계에서 유기체의 각 세포는 이 유기체의 유전정보 전체를 포함한다. 홀로그램의 사고는 부분만 보는 환원주의와 전체만 보는 전체론을 뛰어넘는다. 그것은 파스칼이 공식화한 사고와 약간 비슷하다. "나는 부분을 이해하지 못하고서는 전체를 이해할 수 없고, 전체를 이해하지 못하고서는 부분을 이해할 수 없다." 언뜻 보기에 역설적인 이 사고는 선적인 정신을 마비시킨다. 그런데 우리는 재귀적 논리에서 부분에 관한 지식으로 획득한 것은 전체로 돌아간다는 사실을 잘 알고 있다. 조직 없이 존재하지 못하는 전체의 특성은 부분으로 되돌아간다. 따라서 사람들은 지식의 생산 운동에서, 전체에 관한 인식을 통해 부분에 관한 인식을 풍부하게 할 수 있고, 부분에 관한 지식을 통해 전체에 관한 지식을 풍부하게 할 수도 있다.

홀로그램 사고 자체는 재귀적 사고와 연결되고, 재귀적 사고 자체는 부분적으로 대화 관계적 사고와 연결된다.

전체 속에 있는 부분 속에 전체가 있다

인류와 사회의 관계는 복잡하다. 왜냐하면 전체 속에 있는 부분 속에 전체가 있기 때문이다. 우리의 유년기부터, 청결함, 더러움, 예절에 관한 가족의 명령을 통해, 그다음에는 학교, 언어, 문화의 명령을 통해 사회는 우리의 일부가 된다.

'어떤 사람도 법을 모른다고 여겨지지 않는다'는 원칙에 의거해 모든 사회적인 것은 개인에게 강력한 영향을 미친다. 비록 분업과 삶의 분할로 인해 누구도 사회의 지식 전체를 소유할 수 없게 되었다고 해도 말이다.

바로 여기에서 자신의 위치를 숙고하는 사회학자의 문제가 발생한다. 그는 높은 왕좌에서 사회를 명상하는 관점, 신의 관점을 버려야 한다. 사회학자는 이 사회의 일부이다. 사회의 문화를 담지하고 있는 존재라고 해서 사회의 중심에 자리 잡게 되진 않는다. 반대로 그는 대학과 학문의 범주에서 변두리 문화의 일부를 이룬다. 사회학자는 특정 문화에 종속되어 있다. 그는 사회의 일부일 뿐 아니라, 자신의 통찰력을 변형시키는 경향이 있는 사회 전체에 자신도 모르게 사로잡혀 있다.

거기에서 어떻게 벗어날 수 있을까? 분명 사회학자는 자신의 관점을 다른 사회 구성원의 관점과 대조하고, 다른 종류의 사회를 알아보고, 어쩌면 아직 존재하지 않는 실현 가능한 사회를 상상할 수 있다.

복잡성의 관점에서 유일하게 가능한 것, 그리고 우리에게 대단히 중요해 보이는 것은, 바로 우리 사회에 관한 메타 관점을 세우는 일이다. 우리 사회를 비롯해 외부 환경이 더 잘 보이는 망루를 세우는 집단수용소처럼 말이다. 우리는 결코 메타 시스템, 즉 메타 인간적이고 메타 사회적인 상위 시스템을 만들 수는 없다. 비록 우리가 그것을 만든다 해도, 이는 결코 절대적인 시스템이 되지 못할 것이다. 왜냐하면 괴델의 정리처럼 알프레드 타르스키 (Alfred Tarski)의 논리는 어떠한 시스템도 전적으로 자기를 설명하지도 증명하지도 못하기 때문이다. 〔타르스키는 "이 문장은 거짓이다"는 문장으로 대표되는 '거짓말쟁이의 역설'이 발생하는 원인이 문장의 자기 지시에 있다고 보고, 언어를 대상언어와 메타언어로 구분한다(언어계층설). 대상언어는 현실의 사물을 지시하는 언어를 말한다. 이에 반해 대상언어 자체를 대상으로 삼는 언어를 메타언어라고 한다. 타르스키는 "이 문장은 거짓이다"는 문장이 의미론적으로 닫힌 언어에 속하기 때문에 문제가 발생한다고 본다. 의미론적으로 닫힌 언어란 언어라면 당연히 있는 표현뿐 아니라 그 표현의 이름과 그 표현에 적용되는 '참'과 같은 의미론적 명사를 포함하는 언어를 일컫는데, 거짓말쟁이의 문장 역시 언어 자체에 자기 지시적인 '참, 거짓' 같은 의미론적 명사를 포함한다. 그런데 문장 자체에 의미론적 명사를 포함하는 것이 왜 문제일까? 타르스키에 따르면 '참이다, 거짓이다' 같은 의미론적 술어는 그것이 적용되는 대상언어보다 한 차원 높은 메타언어에 속해야 한다. 하지만 거짓말쟁이의 역설 문장에서는 메타언어를 대상언어로 제시했기 때문에 역설이 발생한다. 그런데 괴델의 정리에 따르면 공리 체계에는 틈이 있는데, 이런 사실은 이론과 논리를 열린 체계로 인식하게 한다. 모랭 역시 모든 사고 체계는 열려 있으며 틈이 있으므로 완전한 체계는 이상일 뿐이라고 본다. 한 체계의 결함은 메타 체계로 보완되지만, 그 어떠한 메타 체계도 모든 것을 포괄할 수는 없다—옮긴이〕

달리 말해 모든 사유 시스템은 열려 있고, 그 열린 부분에 틈이나 결함이 있다. 하지만 우리가 메타 관점을 가질 가능성도 있다. 메타 관점은 오직 관찰자-기획자가 관찰과 기획 속에 통합될 때에만 가능하다. 따라서 복잡성 사고에는 관찰자와 기획자가 관찰과 자신의 기획에 통합되는 것이 필요하다.

복 잡 성 을 향 해

사람들은 서구 역사에서 데카르트가 공식화한 패러다임의 지배를 진단할 수 있다. 데카르트는 철학과 내적 사유에 한정된 주체의 영역과, 과학적 지식과 척도와 정확성의 영역, 그러니까 연장의 영역을 분리했다. 데카르트는 이 분리 원칙을 아주 분명히 공식화했고, 이 분리는 우리 세계에서 군림했다. 이에 따라 과학과 철학은 점점 더 분리되었다. 또한 인문적이라고 불리는 문학과 시와 예술의 문화는 과학 문화와 분리되었다. 성찰에 기반을 두는 인문적 문화는 더 이상 객관적 지식의 원천에서 영양을 섭취하지 못한다. 지식의 전문화에 기반을 두는 과학문화는 자기를 성찰하지도 사유하지도 못한다.

분리와 환원이라는 단순화 패러다임은 오늘날 우리 문화를 지배하고 있는데, 이 세력에 대항하는 반작용이 시작되는 시점 역시 오늘날이다. 하지만 우리는 이 복잡성 패러다임을 어떤 주머니에서 꺼내 가져올 수 없는 노릇이고, 나는 그것을 꺼내 가져오자고 주장하지도 않는다. 어느 한 패러다임은 누군가, 예를 들면 데카르트가 공식화해야겠지만 실은 전체 문화, 역사, 문명 발전의 산물이다. 복잡성 패러다임은 서로 어울리고 하나가 될 새로운 이해, 새로운 통찰력, 새로운 발견과 새로운 심사숙고에게서 나올 것이다. 우리는 불확실한 전쟁을 치르는 중이고 누가 이길지 여전히 알지 못한다. 하지만 만일 단순화 사고가, 폭력적이고 대상을 절단하는 분리와 환원이라는 두 종류의 논리적 작동의 지배에 기반을 둔다면, 복잡성 사고는 필연적으로 구별, 결합, 내포의 원칙에 기반을 둘 것이다.

원인과 결과를 결합하라. 피드백하면서 결과는 원인으로 되돌아가고, 생산물은 생산자가 된다. 당신은 이 개념을 구별하고 동시에 결합한다. 당신은 일자와 다수를 결합하고 그것을 합친다. 하지만 일자는 다수 안에서 해체되지 않고, 다수는 일자의 일부가 된다. 복잡성의 원칙은 복잡한 결합의 우세에 따른다. 여기에서 나는 다시 그것이 정말로 심오하고 다양한 문화적·역사적 임무라고 생각한다. 사람들은 복잡성 패러다임의 세례자 요한이 되어, 메시아가 되지 않고서도 메시아의 강림을 알릴 수 있다.

복잡성과 행동

행동은 도박이기도 하다

사람들은 간혹 행동은 복잡한 일을 단순화하는 것이라고 생각한다. 왜냐하면 양자택일해 결정을 내리고 단칼에 해결해버리기 때문이다. 누구도 풀지 못했던 고르디아스의 매듭을 잘라버린 알렉산드로스의 칼이 바로 모든 것을 단순화하는 행동의 예이다. 분명히 행동은 결정이고 선택이지만 도박이기도 하다.

그런데 도박이라는 개념에는 위험과 불확실성에 대한 의식도 있다. 어떤 영역이든 모든 전략은 도박을 의식하며, 근대 사유는

▪ 이 글은 "복잡성은 고르디아스의 매듭이다(La complexité est un noeud gordien)", *Management France*, 1987년 2~3월호, pp. 4-8에서 발췌한 것이다.

우리의 가장 근본적인 믿음이 바로 도박의 대상임을 이해할 수 있게 해주었다. 17세기에 파스칼이 이야기했던 종교적 신앙이 바로 이것이다.〔수학자이자 철학자였던 파스칼은 수학적 손익 계산을 깔고 있는 기독교 변증법을 제시했다. 즉 만일 신이 존재한다면 무신론자는 사후에 엄청난 손해(지옥의 고통)를 받을 것이고 유신론자는 지금의 적은 기회비용으로 사후에 큰 보상(천국)을 받는다. 설령 신이 존재하지 않더라도, 유신론자는 약간의 손실을 입을 뿐 잃을 것이 없다는 논리이다. 이를 '파스칼의 내기'라고 한다—옮긴이〕 우리 역시 철학적, 정치적 도박을 의식해야 한다.

행동은 전략이다. 전략이라는 단어는 어떤 순간에 **결정적으로** 적용하기만 하면 되는 이미 결정된 프로그램을 가리키지 않는다. 전략을 세우는 사람은 최초의 행동으로부터 발생할 수 있는 일정한 행동 시나리오를 검토한다. 이 시나리오는 행동하면서 획득할 수 있는 정보에 따라, 그리고 불시에 나타나 행동을 방해할 운수에 따라 수정될 수 있다.

전략은 우연에 맞서 싸우고 정보를 찾는다. 어떤 군대가 정찰병, 간첩을 보내는 이유는 정보를 얻기 위해, 다시 말해 불확실성을 최소화하기 위해서이다. 게다가 전략은 우연에 맞서 싸우는 데 그치지 않고 우연을 이용하려고 애쓴다. 이런 식으로 아우스터리츠 전투에서 나폴레옹은 습지에 안개가 뒤덮인 기상학적 우연을 이용하는 천재성을 드러냈다. 이 습지는 군대가 통행할 수 없는 곳으로 알려져 있었다. 하지만 나폴레옹은 안개를 전략에 이용했다. 안개는 아군의 움직임을 가려주었고, 적은 병사들이 철수해버려 약해진 프랑스군의 측면을 기습공격하게 되었다. (나폴레옹은 적이 공격해오기를 바라면서 미끼를 던졌다. 즉 고의로 프랑스군의 우익을 약하게 해서 적군이 우익을 공격하게 유도한 다음, 우익을 포위하려고 적군이 흩어진 사이에 적군의 약화된 중앙을 공격했다—옮긴이)

전략은 우연을 이용한다. 경기에서 훌륭한 전략이란 상대 선수의 문제점을 이용하는 일이다. 축구 경기에서 전략은 상대방이 본의 아니게 넘겨준 공을 잘 활용하는 일이다. 경기는 상대팀을 무너뜨리는 방향으로 진행되고, 결국 가장 훌륭한 전략이 (특히 그 전략이 몇 가지 행운을 얻는다면) 승리하게 된다. 우연은 전략의 영역에서 축소해야 하는 부정적인 요인이 아니라 붙잡아야 하는 행운이기도 하다.

행동의 문제는 또한 일탈과 분기(分岐)를 인식하게 한다. 즉 처음에는 대단히 가까웠던 것들이 시간이 흐르면서 나중에는 돌이키지 못할 정도로 처음 상황과는 멀어질 수 있다. 마르틴 루터는 이런 식으로 활동에 착수했다. 그는 교회와 화합한다고 생각하면서, 단지 독일에서 교황권의 남용을 제지하고 이런 상황을 개혁하려 했다. 그런 다음 그 활동을 그만두거나 계속해야 하는 순간에 한계를 넘어버렸고, 결국 이 개혁가는 반체제 인사가 되었다. 1517년 비텐베르크 교회 문에 붙인 루터의 항의문에 따르면, 어떤 가차 없는 일탈이 그를 사로잡았다. 사실 모든 탈선에는 이런 과정이 있다. 그는 결국 전쟁을 선포하기에 이르렀다.

　행동의 영역은 아주 우연적이고 불확실하다. 이는 우리에게 우연, 일탈, 분기를 예민하게 의식하도록 강요하고 그것의 복잡성 자체를 성찰하도록 요구한다.

행 동 은　의 도 에 서　벗 어 난 다

여기에서 행동의 환경이라는 개념이 개입한다. 한 사람이 어떤 행동에 착수하자마자 바로 그 행동은 애초의 의도에서 벗어난다. 이 행동은 상호작용의 세계로 들어가는데, 이는 최초의 의도와 정반대가 될 수도 있는 방향으로 움직이는 환경이다. 행동은 부메랑이 되어 우리 머리로 돌아오는데, 우리에게 행동을 따라가고, (아직 시간이 있다면) 그 행동을 수정하라고 요구한다. 그리고 가끔은 로켓이 진로를 벗어났을 때 그 로켓을 폭파하려고 다른 로켓을 보내는 미국항공우주국(NASA)의 책임자처럼 진로를 벗어난 행동을 공격하라고 강요한다.

행동은 복잡성, 즉 운과 우연, 자주적 행동, 결정, 일탈과 변화에 대한 의식을 가정한다. 전략이라는 단어는 프로그램이라는 단어와 대립된다. 안정된 환경에 속한 정보 배열에는 프로그램을 적용하는 것이 적절하다. 프로그램은 변화에 주의하지 않으며 쇄신되어야 하는 것도 아니다. 우리가 보통 자동차를 운전할 때, 운전의 일부는 이미 프로그래밍되어 있다. 만일 뜻밖의 교통 혼잡이 발생하면 노선을 바꿀지, 법규를 위반할지 결정해야 한다. 즉 전략을 발휘해야 하는 것이다.

따라서 우리는 중요한 것, 즉 우연 속의 전략에 집중하도록 프로그래밍된 행동의 여러 단편을 사용해야 한다.

한편에는 사유나 성찰의 영역이라고 할 만한 복잡성의 영역이 있고, 다른 한편에는 행동의 영역이라고 할 만한 단순성의 영역이 있는 것이 아니다. 행동이란 구체적이고 가끔은 대단히 중요한 복잡성의 왕국에 속한다.

행동은 확실히 직관과 개인의 재능에 달린 즉각적인 전략에 만족할 수 있다. 또한 복잡성 사고에서 혜택을 받는 쪽이 유용하다. 그런데 복잡성 사고는 무엇보다 하나의 도전이다.

단순화된 선적 통찰은 절단 행위가 될 개연성이 매우 높다. 예를 들면 모든 석유 정책은 자원의 고갈, 자원 보유국의 독립 요구, 정치 문제 등을 고려하지 않고 오직 가격 요인만 고려했다.

전문가들은 자신들의 분석을 역사학, 지리학, 사회학, 정치학, 종교, 신화학과 분리했다. 그리고 이것들〔역사학, 지리학, 사회학, 종교, 신화학 등〕은 가격 요인만 고려하는 분석에 복수했다.

평 범 하 지   않 은   기 계

인간 존재, 사회, 기업은 평범하지 않은 기계이다. 만일 어떤 기계의 **입력**을 알 경우 **출력**도 알 수 있다면 그것은 평범한 기계이다. 즉 당신이 기계에 들어가는 모든 것을 안다면, 기계가 어떻게 작동할지 예측할 수 있다. 어떤 측면에서는 우리 **또한** 평범한 기계이다. 즉 사람들의 행동은 대단히 폭넓게 예측할 수 있다.

사실 사회생활은 우리가 평범한 기계처럼 움직이도록 강요한다. 그러나 당연히 우리는 자동인형처럼 행동하지 않고, 목적지에 도달할 수 없다는 사실을 확인하자마자 평범하지 않은 방법을 찾는다. 중요한 점은 기계가 평범하게 작동하지 않는 위기 혹은 결정의 순간이 온다는 것이다. 그러면 기계는 사람들이 예측할 수 없는 방식으로 움직인다. 새로운 것의 출현과 관련된 모든 일은 평범하지 않고 예측할 수 없다. 무수히 많은 중국 학생들이 거리로 나와 있다면, 중국은 평범하지 않은 기계가 되는 것이다.

1987년부터 1989년까지 소련에서 고르바초프는 평범하지 않은 기계처럼 처신했다! 특히 역사에서 위기의 순간 벌어진 모든 일들은 예측할 수 없고 평범하지 않았다. 〔'프랑스를 구하라'는〕 신의 음성을 듣고 프랑스 왕을 찾아가기로 결정한 잔다르크는 평범하지 않은 행동을 했다. 프랑스 또는 세계 정치에서 발생한 중대 사항은 모두 예기치 못한 일에 속한다.

우리 사회는 정치적, 경제적, 사회적 위기를 끊임없이 경험한다는 의미에서 평범하지 않은 기계이다. 모든 위기 상태에서 불확실성은 증가하고 예측 가능성은 감소한다. 무질서는 위협적인 것이 된다. 적대는 상보성을 억제하고, 상호 갈등은 현실화된다. 조절은 쇠퇴하거나 실패한다. 프로그램을 버려야 하고 위기에서 벗어나기 위해 전략을 만들어내야 한다. 과거의 위기를 타개했던 방법을 버리고 새로운 방법을 만들어내야 한다.

예 기 치 못 한 것 에 대 비 하 기

복잡성은 예기치 못한 것을 인식하는 비법이 아니다. 하지만 예기치 못한 상황 때문에 우리는 신중하고 주의 깊은 사람이 되었고, 다른 의견이 들어설 여지가 없는 명백한 역학이나 너무 명백해 진부하기 짝이 없는 결정론에 안주하지 않는다. 이는 우리에게 동시대에 일어나는 일이 영원히 계속된다는 믿음에 갇혀 있으면 안 된다는 점을 일깨운다. 세계사 또는 우리 삶에서 일어난 모든 중대한 사건은 모두 예기치 못한 일이었음을 안다고 해도, 사람들은 마치 예기치 못한 일은 절대 일어나지 않을 것처럼 계속 행동한다. 이 정신의 게으름에 충격을 주는 것이 있으니, 바로 복잡성 사고가 주는 교훈이다.

복잡성 사고는 결코 명석, 질서, 결정론을 거부하지 않는다. 복잡성 사고는 이런 것들이 충분치 않음을 알뿐더러, 사람들이 발견과 지식, 행동 등을 프로그래밍할 수 없다는 사실도 안다.

복잡성에는 전략이 필요하다. 분명히 불확실성이 개입하지 못하도록 정보를 배열하기 위해 프로그래밍은 유용하거나 필요하다. 그러나 정상적인 상황에서는 자동 조종이 가능하지만 예기치 못한 일이나 불확실한 것이 생겨나자마자, 즉 중대한 문제가 발생하자마자 전략은 필요불가결한 것이 된다.

단순성 사고는 사고의 문제 없이도 단순한 문제를 해결한다. 복잡성 사고는 스스로 문제를 해결하지 않고, 그 문제를 해결할 전략 수립을 지원한다. 복잡성 사고는 우리에게 "복잡성 사고는 스스로 돕는 자를 도울 것이다"고 말한다.

복잡성 사고가 할 수 있는 것은 바로 사람들에게 "현실은 가변적이라는 사실을 잊지 말라. 새로운 것이 생겨날 수 있고, 어쨌든 생겨나리라는 사실을 잊지 말라"고 상기시키는 메모를 남기는 일이다.

복잡성은 더 풍요롭고 덜 절단하는 행동의 출발점에 있다. 나는 덜 절단하는 사유일수록 인간을 덜 절단하리라고 깊이 믿는다. 단순화하는 통찰이 지적 세계뿐만 아니라 삶에 초래한 참화를 기억해야 한다. 수백만의 존재가 겪는 숱한 고통은 분할되고 일차원적인 사유가 실행된 결과이다.

5 복잡성과 기업[*]

태피스트리를 예로 들어보자. 그것은 다양한 색깔의 아마, 비단, 양모 섬유로 짜여 있다. 태피스트리에 대해 알려면, 이것을 구성하는 각 섬유의 특성과 원칙을 알아볼 일이다. 그러나 여러 종류의 섬유를 총합하면 태피스트리라는 직물이 된다는 사실은 짜임새의 고유한 특성을 알기에 불충분한 데다 그 형태와 배치를 아는 데에도 별 도움이 되지 못한다.

복잡성의 첫 번째 단계: 우리에게는 전체의 속성을 아는 데 도

■ 이 글은 "조직을 해석하는 복잡성(La complexité, grille de lecture des organisa-tions)", *Management France*, 1986년 1~2월호, pp. 6-8. 그리고 미셸 오데(Michel Audet)와 장 루이 말루앙(Jean-Louis Maloin)의 지도로 편찬된 《과학 행정 지식의 세대(The generation of scientific administrative knowledge)》에 수록된 "복잡성과 조직(Complexité et organisation)", Presses de l'Université Laval, Québec, 1986, pp. 135-154에서 발췌한 것이다.

움이 안 되는 단순한 지식이 있다. 평범한 사실에서 비롯된 평범하지 않은 결과들. 태피스트리는 구성 섬유들의 총합 이상이다. 즉 **전체는 부분들—이 부분들은 총합을 구성한다—의 총합 이상이다.**

복잡성의 두 번째 단계: 어떤 태피스트리가 존재한다는 사실이 그것을 구성하는 이러저러한 섬유의 특징들이 완전히 표현되는 것을 보장하지는 않는다. 그 특징은 억제되거나 잠재되어 있다. 즉 **전체는 부분들의 총합 이하이다.**

복잡성의 세 번째 단계: 이 단계는 우리의 이해력과 정신 구조에 문제를 제기한다. 즉 **전체는 부분들의 총합 이상인 동시에 이하다.**

조직에서처럼 이 태피스트리를 이루는 섬유들은 마구잡이로 배열되어 있지 않다. 태피스트리는 초안에 따라 종합적인 통일성을 목표로 조직된다. 여기서 각 부분은 전체에 기여한다. 그리고 태피스트리는 단순한 법칙으로는 결코 설명될 수 없는, 지각하고 인식할 수 있는 현상이다.

세 가지 인과성

기업 같은 조직은 시장 속에 있다. 기업은 상품과 서비스를 생산한다. 기업은 자기와 상관없는, 소비의 세계로 내보내는 사물들을 생산해낸다. 그런데 기업은 자기와 상관없는 이질적인 것을 생산한다는 견해는 불충분하다. 왜냐하면 기업은 상품과 서비스를 생산하면서 동시에 자기생산하기 때문이다. 이는 기업이 자기의 생존과 자기의 조직에 필요한 모든 요소를 생산한다는 것을 의미한다. 상품과 서비스를 생산하는 조직을 정비하면서 기업은 자기조직하고 자기유지한다. 그리고 필요한 경우에는 자기보수하고, 상황이 좋으면 생산을 늘리면서 자기발전한다.

생산자에게서 독립적인 생산물을 만들어내는 과정이 전개되고, 이 과정 속에서 생산자는 자기생산한다. 한편으로 〔생산자의〕 자기생산은 상품을 생산하는 데 반드시 필요하고, 다른 한편으로 상품의 생산은 〔생산자의〕 자기생산에 꼭 필요하다.

복잡성은 다음과 같은 진술에서 확인된다. 사람들은 사물을 생산하고 동시에 자기생산한다. 생산자는 자기 자신의 생산물이다.

이 진술은 인과성의 문제를 제기한다.

첫 번째 관점: 단선적 인과성. 어떤 원료로 어떤 변화 과정을 거쳐 어떤 소비 재화를 생산해낸다면, 단선적 인과성의 계열—이 원인은 이 결과를 낳는다—에 들어간다.

두 번째 관점: 피드백하는 순환적 인과성. 기업은 조절되기를 바란다. 기업은 외부의 수요, 노동력, 내부 역량에 따라 생산해야 한다. 그런데 사이버네틱 덕분에 40여 년 전부터 우리는 기업에서

매출 상승 또는 감소 같은 생산의 결과가 상품과 서비스의 생산을 촉진하거나 감소시키는 데 역으로 작용(피드백)할 수 있다는 것을 알고 있다.

세 번째 관점: 회귀적 인과성. 회귀 과정에서 결과와 생산물은 그것을 산출한 과정에 필수적이다. 생산물은 자기를 생산한 것의 생산자이다.

이 세 가지 인과성은 복잡한 조직의 모든 부분에서 재발견된다. 예를 들어 사회는 이 사회를 구성하는 개인들의 상호작용으로 만들어진다. 조직되고 조직하는 총체로서 사회는 교육, 언어, 학교를 통해 개인을 만들어내기 위해 피드백한다. 이런 식으로 개인은 그들 간의 상호작용으로 사회를 만들어내고, 사회는 그것(사회)을 만들어내는 개인을 만들어낸다. 이 과정은 역사적 진화를 통해 나선형으로 순환하며 이루어진다.

복잡성에 대한 이러한 이해는 우리의 정신 구조에 근본적인 변화를 초래한다. 만일 정신 구조가 변화하지 않는다면, 문제가 불명료해지거나 문제를 거부할 위험이 생길 것이다. 개인과 사회, 인류라는 종(種)과 개인, 기업(그래프와 생산 프로그램, 시장 조사 데이터를 가진)과 그 기업의 문제(인간관계, 개인적인 것, 공적 관계에 관한)는 서로 떨어져 있지 않다. 이 두 과정은 서로 분리되지 않고 상호의존적이다.

자 기 조 직 에 서   자 기 환 경 조 직 까 지

살아 있는 유기체인 기업은 자기조직하고 자기생산한다. 동시에 자기환경조직하고, 자기환경생산한다. 이 복잡한 개념은 해명할 만한 가치가 있다.

기업은 외부 환경에 둘러싸여 있다. 이 외부 환경은 그 자체로 환경조직된 시스템이나 환경 시스템에 통합돼 있다. 식물이나 동물의 예를 들어보자. 그것들의 시간생물학(chronobiology: 시간과 생명현상의 관계를 연구하는 학문이다. 인간 신체의 활동에는 마치 몸의 어딘가에 시계가 작동하는 것처럼 생각하게 만드는 많은 리듬이 있다. 여성의 생리 주기나 밤이 되면 졸리는 것 등이다. 이 같은 조직을 생물시계라 하고, 그 비밀을 밝혀내는 것이 시간생물학이다─옮긴이)적 과정은 계절의 교대처럼 낮과 밤의 교대를 안다. 우주의 질서는 어떤 면에서 살아 있는 종(種)의 조직 내부에 통합되어 있다.

1951년 브레멘의 플라네타륨에서 실험했던 꾀꼬릿과의 철새를 한번 살펴보자. 플라네타륨에서는 겨울에 나일 강 계곡으로 이동하는 철새에게 독일의 하늘과 이집트의 하늘에서 따온 궁륭과 성좌를 펼쳐 보여주었다. 플라네타륨에서 철새는 정확히 하늘의 지도를 따라갔고, 〔나일 강변의〕 룩소르 하늘 아래에 멈추었다. 철새는 이런 식으로 하늘의 지표에 따라 자신의 여정을 '산정한다'. 이 실험은 철새가 특정한 방식으로 하늘을 기억한다는 사실을 증명한다.

인간 존재는 감각을 통해 뇌로 전달되는 메시지로 세계를 이해한다. 세계는 우리 정신 안에 있고, 우리의 정신은 세계의 내부에 있다.

자기환경조직 원칙은 홀로그램적 가치를 가진다. 홀로그램 이미지의 특성이, 홀로그램의 각 점은 정보의 준(準)총체성을 지닌다는 사실과 연관돼 있듯이, 우리가 그것의 일부인 전체는 우리의 정신 속에 존재한다.

단순화한 통찰은, 부분은 전체 안에 있다고 말할 것이다. 복잡한 통찰은, 부분이 전체 안에 있을 뿐만 아니라 전체가 전체의 내부에 있는 부분의 내부에 있다고 말한다! 복잡성은 전체의 불명료함과 다른 것으로, 복잡성은 전체 안에 있을 뿐 아니라 역으로 복잡성 안에 전체가 있다.

이는 우리 신체 속에 있는 유전자 코드 전부를 포함하는 우리 유기체의 각 세포에 관해서도 진실이다. 이는 사회에 관해서도 진실이다. 유년기부터 가정교육, 학교 교육, 대학 교육을 받으며 사회는 우리의 정신에 전체로서 각인된다.

우리는 극히 복잡한 시스템을 마주하고 있다. 여기에서 부분은 전체 안에 있고, 전체는 부분 안에 있다. 이는 자기작동 규칙이 있는 기업도 마찬가지이다. 이 기업 내부에서는 사회 전체의 법칙이 작용한다.

무질서와 함께 살고 교섭하기

기업은, 질서 있고 조직되었으면서 동시에 우연적인 시장 속에서 자기환경조직한다. (시장이) 우연적이라고 한 이유는, 상품과 서비스를 판매할 기회와 가능성이 보이긴 해도 전적으로 확실하지는 않기 때문이다. 시장에는 질서와 무질서가 섞여 있다.

불행히도 또는 다행스럽게도 세계 전체는 질서, 무질서, 조직의 혼합물이다. 우리는 운과 불확실성, 무질서를 쫓아버릴 수 없는 세계 속에 있다. 우리는 무질서와 함께 살고 그것과 교섭해야 한다.

질서? 그것은 반복되고 항구적이고 불변적인 모든 것, 높은 확률의 뒷받침을 받고 법칙에 잘 종속되는 모든 것을 뜻한다.

무질서? 그것은 불규칙하고 구조에서 벗어난 편차와 운수, 예측 불가능한 모든 것을 뜻한다.

순수한 질서의 세계에는 혁신, 창조, 진화가 있을 수 없을 것이다. 살아 있는 존재도, 인간적인 존재도 존재할 수 없을 것이다.

마찬가지로 순수한 무질서 속에는 아무것도 존재하지 못할 것이다. 왜냐하면 거기에 조직을 세우기 위해 필요한 견고한 요소가 없기 때문이다.

조직에는 질서와 함께 무질서도 필요하다. 무질서가 증가하면서 시스템이 해체되곤 하는 세계에서, 시스템의 조직은 무질서를 물러나게 할 뿐 아니라 끌어들이고 사용할 수도 있다.

물리적이고 조직적이며 살아 있는 모든 현상과 마찬가지로 모든 조직은 파괴되고 퇴화한다. 파괴와 쇠퇴는 정상적인 현상이다. 달리 말해 정상이란 사물이 원래 모습 그대로 지속되는 것이 아니다. 원래 모습 그대로 지속되는 것이 오히려 염려스러운 것인지도 모른다. 평형을 유지하는 어떠한 비결도 없다. 퇴화에 저항해 싸울 유일한 방법은 영구적인 쇄신, 즉 파괴에 저항하면서 쇄신하고 재조직하는 조직 전체의 능력에 있다.

전 략 , 프 로 그 램 , 조 직

질서, 무질서, 프로그램, 전략!

전략이라는 단어는 프로그램이라는 단어와 반대된다.

프로그램이란 미리 결정된 행동들을 배열한 것으로, 이 배열은 행동을 가능케 하는 상황에서만 작동해야 한다. 만일 외부 상황이 좋지 않다면, 프로그램은 작동을 멈추거나 실패한다. 우리가 앞에서 보았듯이 전략은 하나 또는 여러 개의 시나리오를 만들어낸다. 처음부터 전략은 새롭거나 예기치 못한 것이 있을 때 행동을 수정하거나 보강하기 위해 이를 통합하려고 준비한다.

프로그램의 이점은 분명 대단히 경제적이라는 데 있다. 이 경우 만사가 굳이 생각할 것도 없이 자동으로 이루어진다. 반면 전략은 우연한 상황, 상반되는 요소, 게다가 반대자들까지 고려해 결정되고, 도중에 획득되는 정보에 따라 수정된다. 전략은 무척 유연하다. 하지만 조직이 전략을 추진하려면, 프로그래밍에 종속되지 않고 전략을 세우고 발전시키는 데 기여할 요소를 다루어야 한다.

따라서 나는 이상적인 기능성, 합리성 모델은 단지 추상적일 뿐 아니라 해로운 모델이라고 생각한다. 그것은 행정기관에서 일하는 이들에게 해롭고, 결국 사회생활 전체에도 해롭다. 그러한 모델은 분명히 경직되어 있고, 프로그래밍된 모든 것은 그 경직성 때문에 고통을 겪는다. 물론 행정기관의 모든 사람이 전략가가 된다고 할 수는 없지만, 만일 모든 사람이 전략가가 되면 총체적인 무질서가 발생할 것이다. 하지만 사람들은 대개 경직성과 유연성과 '적응력'의 문제를 제기하기 싫어하고 이는 경직된 관료제를 초래한다.

관료제는 양면성을 지닌다. 관료제는 모든 것에 객관적인 규칙을 적용하고, 조직의 응집력과 기능성을 보증해주기에 합리적이다. 다른 한편 반드시 합리적이지는 않은 단순한 결정 기구라고 비판받는다. 관료제는 기생하는 집단으로 간주될 수 있다. 이 기생 집단에서 일련의 장애와 혼잡이 발생하는데, 이 장애와 혼잡은 사회에서 기생적인 현상이 된다.

사람들은 관료제 문제를 기생적이고 합리적이라는 이중 각도에서 고려한다. 그런데 사회학적 사유가 이 양자택일의 빗장을 넘어서지 못하는 것은 안타깝다. 넘어서지 못하는 이유는 아마 관료제나 행정의 문제는 무엇보다 복잡성의 도면 위에서 근본적인 용어로 제기되어야 하기 때문일 것이다.

기업에서 노동을 테일러주의 식으로 이해할 때 단점은 인간을 오직 물리적인 기계로만 다룬다는 것이다. 그후 사람들은 생물학적 인간도 존재한다는 사실을 깨달았다. 하지만 사람들은 생물학적 인간을 노동에 적용시키고, 노동 조건을 인간에 적용시켰다. 그리고 나서 단편적인 업무에 불만을 느끼는 심리학적 인간도 존재한다는 사실을 깨달았을 때, 그들은 업무를 다채롭게 만들었다. 노동의 진화에서 우리는 일차원성에서 다차원성으로 이동하는 현상을 발견한다. 그리고 우리는 이제 겨우 이 진화 과

정의 초입에 있을 뿐이다.

'유희' 요소는 무질서 요소지만, 유연성의 요소이기도 하다. 기업 내부에 준엄한 규칙을 강요하려는 의지는 비효율적이다. 고장, 사고, 예기치 못한 사건이 생긴 경우, 섹터나 기계를 즉각 멈추라는 지시는 모두 반효율적이다. 단계별로 개인에게 일정한 결정권을 허용해야 한다.

상 보 적 이 면 서   적 대 적 인   관 계 들

조직, 사회, 기업 내부의 관계는 상보적이면서 동시에 적대적이다. 이 적대적인 상보성은 특별한 모호함에 기반을 둔다. 과거에 르노 자동차의 숙련공이었던 다니엘 모테(Daniel Mothé)는 작업실에서 비정형적이고 비밀스럽고 은밀한 연합이 노동자에게 약간의 자율성과 자유를 주면서 어떻게 경직된 노동 조직에 맞서는 노동자의 저항을 형성하는지 보여주었다. 그래서 이 비밀 조직은 유연한 노동 조직을 창조했다. 저항은 사실 〔기업에〕 협력하는 것이었다. 왜냐하면 이 저항 덕분에 만사가 움직일 수 있었기 때문이다.

이런 예는 다양한 분야로 확대될 수 있다. 정치범과 독일 공산주의자를 수감하기 위해 1933년에 만든 부헨발트 수용소를 보자. 수용소 초기에는 공산주의자들이 조장, 반장의 역할을 하는 카포로 뽑혔고, 회계나 요리 등의 작은 책무도 담당했다. '정치범들'은 약탈이나 손실 없이 수용소 상황을 개선하겠다고 책임자를 설득했다. 그래서 나치 친위대(SS)는 공산주의자 정치범들에게 조직 관리를 맡겼다. 이런 식으로 공산주의자 조직은 나치친위대에 저항해 싸우면서 그들과 협력했다. 연합군의 승리와 수용소 해방은 분명히 이 협력에 저항의 의미를 부여했다.

1990년까지 소련의 경제 상황을 예로 들어보자. 소련 경제는 원칙적으로 대단히 경직되고 근시안적인 중앙의 계획에 따라야 했다. 극단적으로 엄격하게 프로그래밍된 강제 계획은 실은 실행 불가능한 것이었다. 그런데 이 계획은 무관심 속에서 작동했다. 사람들이 모든 층위에서 속임수를 쓰고 요령 있게 행동했기 때문이다. 예를 들어 기업의 최고경영자들은 생산물을 교환하려고 서로 연락한다. 이는 정상에는 엄격한 질서가 있다는 것을 의미한다. 하지만 아래에서는 자발적이고 상황을 조직하는 일종의 무정부 상태가 있다. 잦은 결근도 필수이다. 왜냐하면 우리의 노동 조건은, 현재의 적은 봉급을 보충해줄 부직(副職)을 찾도록 유도하기 때문이다. 이 자생적인 무정부 상태는 이런 식으로 시스템에 대한 구성원의 저항과 협력을 표현한다.

달리 말해 소련 경제는 상층부의 익명적 질서에 대해 인민들이 자발적인 무정부 상태로 대응한 덕에 작동했다. 그것을 작동시키려면 당연히 강제 요소가 필요했다. 하지만 경찰력만으로 작동한 것은 아니다. 기반에서 일어나는 일들에 대한 사실상의 관용이 있었기 때문에 작동한 것이다. 이 사실상의 관용은 부조리한 기계가 작동하는 것을 보증해준다. 그러지 않고서는 이 부조리한 기계가 작동할 수 없다.

사실 시스템은 붕괴되지 않았다. 엄청난 낭비와 형편없는 성능, 창의성 결여 등을 이유로 시스템을 폐기하는 것은 정치적 결정이다. 시스템이 지속될수록, 프로그래밍된 계획을 작동하게 하는 것은 자발적인 무정부 상태이다. 기계를 작동시키는 것은 기계 내부의 저항이다.

무질서는, 도식적이고 추상적이며 단순화하는 경직된 질서에 꼭 필요하고 피할 수 없으며 심지어는 생산적이기까지 한 반응을 구축하기도 한다.

역사적이고 전면적인 문제, 즉 적응력과 창의력을 낳을 수도 있지만 또한 해체와 파멸로 몰고 갈 수도 있는 자유와 무질서를 어떻게 기업에 통합할 것인가, 이 문제는 이미 제기되었다.

경 험 된 연 대 가 필 요 하 다

말하자면 투쟁, 저항, 협력, 적대, 조직의 복잡성에 필수적인 상
보성 등의 모호함이 존재한다. 따라서 복잡성의 과도함이라는
문제가 제기되는데, 이는 결국 구조를 파괴한다. 사람들은 어떤
조직이 복잡할수록 무질서에 좀더 너그럽다고 대충 말할 것이
다. 무질서는 조직에 생기를 부여한다. 왜냐하면 개인은 이런저
런 문제를 해결하려고 중앙의 위계를 거치지 않고도 자발적으로
행위할 수 있기 때문이다. 이는 외부 세계의 도전에 맞선, 더욱
더 지적인 방식이다. 하지만 복잡성이 과도하면 결국 구조를 파
괴한다. 극단적인 경우 자유만 있고 질서는 거의 없는 조직은 이
자유를 보완하는 지체들의 긴밀한 연대가 없을 경우 파괴된다.
오로지 우리가 경험한 연대만이 복잡성을 증가시킨다. 결국 비
공식 망, 협력적 저항, 자율성, 무질서 등은 기업을 생기 있게 하
는 필수 요소라 할 수 있다.

이는 성찰성의 세계를 개시할 수 있다. 이렇게 해서, 원자화된
우리 사회는 사회보장제도처럼 법으로 만들어진 연대뿐 아니라
자발적으로 경험한 새로운 연대도 형성한다.

복잡성 인식론*

이 논의를 시작하기 전에, 쉬는 시간에 해결해야 할 복잡성에 관한 문제가 두 가지 있었다. 하나는 해결했지만 다른 하나는 해결하지 못했다. 첫 번째 문제는 한정된 범위의 문제였다. 나는 배가 고팠기에 아침식사를 하면서, 여러분의 발언을 들으며 노트

■ 유로파–아메리카 출판사(Éditions Europa-America)의 사장인 프란시스코 리웅드 카스트로(Francisco Lyon de Castro)는 리스본에서 1983년 12월 14일, 15일에 에드가 모랭과 포르투갈의 여러 분과 학문(철학, 물리학, 생물학, 역사학, 사회심리학, 문학)의 교수 일곱 명이 회담할 수 있는 기회를 제공했고, 안나 바르보사(Ana Barbosa)가 이 회담을 준비했다.
"복잡성 인식론의 문제들"을 발표한 후 에드가 모랭은 참여자들의 견해와 반박, 비판에 답변했다. 이 장에서 우리가 보는 것이 바로 이 발언이다. 이 내용은 프랑스어로는 간행되지 않았고, 유로파–아메리카 출판사에서 출판된 *O Problema epistemologico de Complexidade*에서 발췌한 것이다. 출판을 허락해준 카스트로에게 감사한다.

에 적어둔 것을 다시 생각해보려고 했다. 나는 여기서 멀지 않은 아래층 방에서 이 문제를 해결할 수 있었다. 나는 룰라스 그렐하 다스(lulas grelhadas(꼴뚜기로 만든 포르투갈 요리))를 먹었고, 비뉴 베 르드(vinho verde(포르투갈 산 백포도주))를 마셨다. 하지만 불행히 도 식사를 하는 동안, 내가 노트에 기록해둔 것을 가지고 복잡성 에 관한 두 번째 문제를 해결하지는 못했다. 나는 동질화하지 않 으면서 유기적으로 연결하진 못했고, 단순하고 기초적인 목록을 만들지 않으면서 다양성을 고려할 수는 없었다. 나는 무질서와 질서, 즉 일반화된 분산 상태인 무질서와, 다양성에 임의로 부과 된 제한인 질서 사이의 극적인 문제에 부딪혔다. 이것 역시 일자 와 다수의 문제이다. 나는 이 문제를 해결하지 못했다. 나는 시 간이 충분하지 않았다고 변명할 수 있겠지만, 사실 이 문제는 대 단히 심오하다.

무엇보다 내가 제안하는 복잡성 사고의 필연성은, 관찰자를 자신의 관찰에 통합할 수밖에 없게 만든다. 이곳에서 나 역시 여 러분에게 전적으로 주체이자 대상이다. 이 이중 상황은 대단히 자극적이었고 약간은 실망스러웠다. 대단히 자극적인 이유는, 여러분의 발언에서 표출된 지성이 나를 강타했기 때문이다. 예 의상 이런 말을 하는 것은 아니다. 나는 여러 학술대회와 토론회 에 참석했지만, 여기에서 여러분이 한 이야기들은 모두 나와 관런이 있어 흥미로웠다. 게다가 이것은 나의 성찰에 그리고 생각을 더욱더 잘 표현할 수 있도록 도움을 줄 것이다. 그런 경험들을 통해 나는 계속 새로워지기를 원하게 되었다는 점을 덧붙이고 싶다. 나를 위해서뿐만 아니라, 분과 학문을 가로지르고 지식 속을 여행하도록 **실제로** 또는 **원칙적으로** 모험을 하는 다른 이들을 위해서도 말이다. 이런 길을 가는 사람이라면 그 누구라도, 전문가라고 불릴 수 있는 사람들, 말하자면 한 영역에서 분명한 역량이 있고 비판받을 준비가 된 사람들을 마주칠 수 있다는 사실은 중요하다. 그리고 오해에 대해서 고려하는 것 또한 중요하다.

오 해

먼저 첫 번째 오해에 대해 말해보려고 한다. 이 오해는 여러 번 생겼는데, 사람들은 마치 내가 종합적인 사람이 되고자 한다고 생각한다. 또 체계 · 총체 · 통합이라는 개념에 치중해 모든 것을 통일하려 하고, 나 자신의 논의로 만족하려 한다고 생각한다. 사람들은 내가 하나의 패러다임을 만들어 주머니에서 꺼내들면서 "이것이 바로 우리가 찬양해야 하는 것이다. 과거의 율법판 따위는 이제 불태워버려라"고 말한다고 생각한다. 이런 식으로 사람들은 여러 차례, 내가 절대적 단순화와 대립할 만한 완벽한 복잡성이라는 견해를 가지고 있다고 간주했다. 그런데 복잡성이라는 개념은 그 안에 통일 불가능성, 완성 불가능성, 불확실성, 미결정성을 비롯해 말로 할 수 없는 것에 대한 최후의 인정 등을 포함한다. 그렇다고 내가 말하는 복잡성이 절대적 상대주의나 파이어아벤트 식 회의주의와 유사한 것은 아니다.

내가 나 스스로를 분석하면서 시작하자면, 나에게는 대립되는 지적 충동 사이에 있는 비장하거나 우스꽝스러운 긴장이 존재한다는 점을 밝히겠다. 그중 하나는 분산된 지식을 유기적으로 결합하려는 지칠 줄 모르는 노력, 정리와 통합을 위한 노력이다. 다른 하나는 첫 번째 노력을 파괴하는 반대 움직임이다. 대단히 오래전부터 나는 아도르노의 "전체는 비진리이다"[1]는 문장을 여러 차례 인용했고,《의식 있는 과학》의 서문에서 다시 한번 인용했다. 이것은 분명 헤겔 식 사유로 교육받은 사람, 즉 통일성에 대한 열망으로 성숙된 사람에게서 나온 멋진 말이다.

나는 통일성에 대한 열망은 진리에 대한 열망이고, 통일성이 불가능함을 인정하는 것은 대단히 중대한 진리라고 생각한다. 따라서 통일성은 진리이자 동시에 비진리이다. 나는 내 견해에 헤겔주의가 은밀하게 숨어 있다고 주장하는 글을 읽은 적이 있다. 내가 헤겔에게서 매혹적이라고 느낀 부분은 정신에 끊임없이 떠오르는 모순들의 대립, 부정성의 역할에 대한 인정 등이다. 나는 헤겔의 종합, 절대 상태, 절대정신 등에 끌렸던 것은 아니다.

분명 나는 다양하고 상반된 사유를 통합하는 것을 무척 좋아한다. 이를 두고 여러분은 "여전히 모든 것을 포괄하려는 통일성에 대한 병적 욕망"이라고 말할 것이다. 그럴 수도 있다. 그러나 내가 통일성에 관해, 그리고 아도르노의 문장에 관해 방금 한 이야기를 다시 꺼낸다 해도, 나는 완전히 일체가 된 교리와 사유를 희망하지는 않는다.

어떤 이들은 나를 통합하는 종합의 장사꾼이라고 생각한다. 또 어떤 이들은 나를 일종의 무질서 옹호자, 즉 무질서에 압도당해 마침내 모든 객관성을 주관성 속에 녹여버리는 사람으로 여긴다.

만일 종합과 무질서에 대한 내 취향을 잠시 묵인하고 그 두 가지를 연결한다면, 즉 사람들이 내 안에 있는 비극적인 긴장을 이해한다면, 이 모두는 사실일 것이다. 비극적이라고 한 까닭은 나를 비극적인 인물로 치장하려는 게 아니라, 모순을 결코 없애지 못하면서 이 모순에 맞서도록 강요된 사유의 비극을 말하기 위해서이다. 게다가 내 생각에, 이 비극적 감정은 모순을 부정하지 않으면서 모순을 '뛰어넘는' 메타 수준을 추구하는 것과 병행한다. 이 메타 수준이란 완성된 종합의 수준이 아니라, 틈, 불확실성, 문제 등을 포함한다. 우리는 지식의 끝없고 불확실한 모험 속으로 들어간다.

나에 관한 또 다른 오해는 누군가 분명히 언급한 단어, 즉 속도라는 단어와 관련돼 있다. 그것이 단지 내 글쓰기의 속도에만 관련된 말이라고 생각하지 않는다. 내가 대단히 빨리 글을 쓴다는 인상을 줄 수도 있지만, 사실 속내를 이야기하자면 글쓰기는 엄청나게 고통스러운 작업으로, 나는 수차례에 걸쳐 내 텍스트를 고치고 또 고친다. 사람들은 마치 내가 스위치를 누르기만 하면 300쪽을 뚝딱 써낸다고 생각해서 나를 당황스럽게 한다. 몇 가지 오해를 불러일으킨 속도는 아마 내 글쓰기의 속도뿐 아니라, 내 글을 읽는 독자들의 독서 속도와도 관련된 것이다.

오해에 관해서는 단지 오해를 확인하고 줄이거나 없애는 것만이 문제가 아니라 그 오해에 대해 자문하는 것도 중요하다. 나는 다음과 같은 질문을 던진다. 왜 오해는 그렇게 많고 오래 지속될까? 나는 자신이 오해의 특별한 희생양이라고 생각하지는 않는다. 나는 많은 사람들, 연구자들, 사상가들이 더 심각한 오해의 희생양이었다고 생각한다.

말하자면 나와 관련된 오해의 원천은 내 고유한 사고를 구획하고 구조화하고 분류하는 방식, 즉 지식의 요소를 조직하는 데 있다. 이는 **패러다임**의 문제를 제기하는데, 이것에 관해서는 다시 거론할 것이다.

정치에 관한 사유의 예를 들어보자. 나는 좌파이면서 동시에 우파이다. 나는 언제나 그렇다고 생각해왔다. 나는 자유, 인권, 비폭력에 의한 변화 등에 예민하다는 점에서는 '우파'이지만, 인간적이고 사회적인 관계는 근본적으로 변할 수 있고 변해야 한다고 생각하는 점에서는 '좌파'이다.

사람은 이것 아니면 저것이 될 뿐이라고 확신하는 자들은 이런 말을 듣고 나를 '혼란스럽게 하는 사람'이라고 비난한다. 그 두 가지를 결합하려는 것은 어리석고 수상쩍으며 사악하게 보였던 것이다. 사람들은 내게 "그래서 당신은 뭔데? 당신은 진짜 과학자가 아니다. 그렇기 때문에 당신은 철학자이다"고 말한다. 우리는 과학 또는 철학 속으로 들어가는 것이 아니라, 한쪽에서 다른 쪽으로 이동해가고 그 사이에서 소통하려 애쓰면서 과학과 철학 사이의 계면(界面)을 수용해야 한다. 나는 범주의 바깥에 있지만, 어떤 범주로 분류되기도 한다. 더군다나 나는, 어떤 범주에 넣어 나를 분류하는 사람을 범주에 넣어 분류하지 않으므로 이러한 상황은 더욱더 성가시게 된다.

조금 긴 이 서설을 끝내고 이제 중심 문제를 다루어보자. 이 논의 이후에 뒤따라온 주제 또는 후속 주제를 선택하고 이를 위계화하기는 대단히 어렵다. 하지만 나는 점점 더 복잡해진 바로 그 작업을 하고자 한다.

나는 내 위치에서 내 의지에 따라 존재하려고 노력할 것이며, 복잡성이라는 단어, 그리고 패러다임이라는 단어가 의미하는 것을 재검토할 것이다. 또한 주체-대상이라는 문제를 어떻게 이해할지를 재검토할 것이다. 나는 이 고르디아스의 매듭을 풀려고 한다. 그리고 이 과정에서 이미 글로 썼거나 생산해낸 것 중에서 불충분하고 뒤처진 점들을 지적할 것이다.

나는 아주 어렵사리 내 위치에 이름을 붙일 수 있다. 왜냐하면 나는 과학과 비과학 사이를 항해하기 때문이다. 나는 무엇에 근거하는가? 나는 근거의 부재 위에, 즉 확실성이라는 근거가 파괴된 인식 위에 근거한다. 우리 시대에 고유한 이 근거의 파괴는 과학 지식 그 자체에도 타격을 입힌다. 나는 무엇을 믿는가? 나는 가능한 한 가장 덜 절단하고, 가능한 한 가장 합리적인 사고의 시도를 믿는다. 나는 과학적 인식에 고유한 탐구와 검증에 대한 요구, 철학적 인식에 필요한 성찰성에 대한 요구를 존중하려 한다.

과 학 에   대 해   말 하 기

조제 마리아누 가구(José Mariano Gago)가 지식의 생산자와 비생산자, 즉 지식을 통속화하는 사람들 사이의 대립을 이야기했을 때, 나는 사실 여러 중간 지대가 존재하고, 또한 그 대립은 그다지 완고하지 않다고 생각했다. 자신의 과학을 성찰하고, 심지어 **사실 자체로** 철학하는 사람, 예컨대 생물학의 자연철학에 관한 책을 쓴 자크 모노 같은 과학자가 있으며, 과학사가와 인식론자, 지식을 통속화하는 사람도 있다.

나는 "당신은 지식을 통속화하는 사람이다"는 사람들의 말을 좋아하지 않는다. 두 가지 이유 때문이다. 첫 번째는 내가 어떤 아이디어를 이해했다고 생각하는 한, 그리고 무엇보다 그 아이디어를 내 것으로 만들었고 내 방식대로 재조직했다고 생각하는 한, 나는 그 아이디어에 관해 논의하려 한다.

내 책[2]에서 다룬 열역학 제2법칙에 관한 문제를 예로 들어보자. 나는 물리학 문제에 대해서는 가장 나중에야 깊이 통찰했기 때문에 그 지식은 피상적일 뿐 아니라 대단히 결함이 많다는 것을 미리 말해두겠다. 그 책의 집필을 마쳤을 때, 내가 열역학 전문가들이 합의한 의견이라고 생각했던 것을 문제 삼는 자크 토네라의 책(Jacques Tonnelat, *Thermodynamique et Biologie*, Maloine-Doin,

1978—옮긴이)이 있다는 사실을 알게 되었다.

하지만 내가 흥미롭게 여겼던 것은, 19세기가 우리에게 물려준 놀라운 문제에 의문을 품는 것이었다. 한편으로 물리학자들은 조직된 모든 것을 무너뜨리는 경향이 있는 무질서의 원칙(볼츠만에 의해 무질서의 원칙이 된 열역학 제2법칙)을 가르쳐주었다. 다른 한편으로 역사학자와 생물학자(다윈)는 조직된 것이 증가하는 원칙이 있다는 사실을 가르쳐주었다. 언뜻 보기에 물리의 세계는 명백하게 쇠퇴를 향해 가고, 생물학적 세계는 진화를 향해 가는 듯하다. 그런데 나는 이 두 가지 원칙이 어떻게 동일한 현실의 두 측면일 수 있는지 자문했다. 그리고 이 두 가지 원칙을 어떻게 이을지 자문했고, 이는 논리와 패러다임의 문제를 제기했다. 내게는 열역학을 통속화하는 것보다 바로 이 점이 더 흥미로웠다.

나는 또한 내게 부과된 것처럼 보이는 불가능한 임무를 증명해보고 싶다. 나는 완벽하게 이 임무를 수행하기란 불가능하다는 사실을 알지만, 개인적으로 지식의 전문화와 분과 학문화가 초래하는 해악을 용납할 수는 없다.

내 견해를 정당화하는 두 번째 이유는 보편적인 생각의 수준에서 찾을 수 있다. 보편적인 생각은 분명 속이 텅 빈 생각들이다. 하지만 보편적인 생각을 거부하는 것 역시 속이 텅 빈 보편

적인 생각이다. 왜냐하면 그것은 보편적인 생각에 기대는 초보
편적인 생각이기 때문이다.

사실 보편적인 생각이란 없앨 수 없는 것으로, 그것은 결국 전
문화한 세계에서 폐쇄된 채 군림할 것이다. 제럴드 홀턴(Gerald
Holton)의 테마타(themata)〔Gerald Holton, *On the Role of Themata in
Scientific Thought, Science*, New Series, Volume 188, Issue 4186, Apr. 25,
1975, pp. 328-334 참조. 칸트 철학의 영감을 받은 물리학자 홀턴은 과학 이
론의 발전을 조절하는 테마타에 의해 과학이 움직인다고 본다. 이 테마타는
칸트의 도식론(schematism)에서 발전된 것이다—옮긴이〕라는 생각이나
카를 포퍼의 불가사의한 공리에서 흥미로운 것은, 테마타나 공
리가 숨겨져 있다는 점이다. 이는 세계의 질서, 합리성, 결정론
등에 관한 보편적인 생각이다. 달리 말하면 과학 지식 자체에도
불가사의한 보편적인 생각이 있다는 얘긴데, 이는 나쁜 것도 결
함도 아니다. 왜냐하면 움직임을 발생시키는 모터나 생산자 역
할을 하기 때문이다. 가장 전문화된 과학자도 진리에 관한 생각
을 갖고 있다는 사실을 덧붙이고 싶다. 그는 합리적인 것과 실재
적인 것의 관계에 관한 생각, 세계의 본성과 현실에 관한 존재론
적 생각을 갖고 있다.

이 사실을 인식했다면 자신의 보편적인 생각을 고려해보고, 자
신의 전문 지식과 보편적인 생각을 상호 소통시키려 해야 한다.

나는 불가능한 임무를 완수한 척하려는 것이 아니다. 지식이
재조직되고 발전할 수 있는 곳에 길을 내려는 것이다. 무언가 변
화하고, 불가능했던 것이 가능해지는 때가 온다. 사실 네 발로
걷는 자들에게 두 발로 걷기는 불가능하게 보였을 것이다.

이것이 바로 이카루스 이야기이다. 피터르 브뤼헐(Pieter Brueghel)
의 〈이카루스의 추락〉 속의 날 수 있다고 믿었지만 처참하게 추
락해버린 불쌍한 이카루스에게 관심을 두지 않고 밭을 갈던 농부
에겐 아무 잘못이 없다. 하지만 그후 좀더 진보한 여러 이카루스
가 세상에 나오면서 최초의 비행기가 만들어졌고, 오늘날 (이카루
스를 포함한) 우리 모두가 타는 보잉 747도 생겨났다. 이카루스들
이 세운 계획의 진의를 너무 비웃지 말자. 브뤼헐의 밭 갈던 농부
처럼 그냥 무시하는 정도에 만족해야 한다. 그들은 우리를 인간
정신의 선사시대에서 끄집어내려 했다. 우리들이 인간 정신의 선
사시대에 있다는 내 생각은 대단히 낙관적이다. 인류에게 미래가
허락된다면 이 생각은 우리에게 미래를 열어줄 것이다.

복 잡 성 에   접 근 하 기

이제 나는 내가 하려던 일을 하기 위해 복잡한 생각이라는 대단

히 어려운 문제로 되돌아가려 한다.

우선 나에게 복잡성이란 도전의 대상이지 해답이 아니다. 나는 복잡화, 즉 셀 수 없이 많은 상호 피드백을 매개로, 불확실성을 매개로, 모순을 매개로 사고할 수 있는 가능성을 찾는다. 사람들은 내가 완전한 단순성과 완벽한 복잡성 사이의 이율배반을 가정하고 있다고 말하는데, 그것은 결코 인정할 수 없는 말이다. 나는 무엇보다 복잡성이라는 생각은 불완전성을 포함한다고 본다. 왜냐하면 그것은 불확실한 것과 환원 불가능한 것을 인정하기 때문이다.

다음으로, 단순화는 필요하지만 그것은 상대적으로만 인정되어야 한다. 즉 나는 환원을 인식하는 환원은 수용하지만, 사물들의 명백한 다양성과 복잡성 뒤에 단순한 진리가 있다고 믿는 오만한 환원은 수용하지 않는다.

나는 《방법》 제2권[3]에서 복잡성이란 단순성과 복잡성이 결합된 것이라고 이야기했다. 즉 복잡성이란 선택, 위계화, 분리, 환원 등의 단순화 과정과, 그 단순화 과정에 대항하는 분리되고 구별된 것을 연접하고 소통하는 과정의 결합이다. 이는 오직 전체만을 보는 전체론적 사유와 오직 요소들만 보는 환원적 사유 사이에서 양자택일을 피하는 것이다.

마치 파스칼이 "나는 전체를 모르고서 부분을 아는 것은 불가능하다고 생각한다. 하지만 부분들을 **개별적으로** 모르고서 전체를 아는 것도 불가능하다고 생각한다"고 말했던 것처럼 말이다. 파스칼의 이 말은, 우리를 악순환에 빠뜨릴 위험도 있지만 사유의 발전을 조직해내기도 하는 바늘 코의 움직임처럼 생산적인 순환을 끌어낼 수 있는 왕복 운동의 필요성을 고려하게 한다. 나는 이미 앞에서 이에 관해 이야기했고, 내가 마치 전체를 포괄하는 절대적 사상이라는 이상을 추구하는 것처럼 간주한 장 피에르 뒤피(Jean-Pierre Dupuy)와 논쟁하던 중에 그것을 다시 이야기했다. 오히려 나는 모순과 불확실성을 수용하기 때문에 지식의 선천적인 결함이라는 관점을 지지한다. 그런데 이 결함에 대한 의식은 지식을 절단하는 것에 대항해 격렬히 투쟁하도록 요청하기도 한다.

이것은 사실 천사와 벌이는 싸움이다. 이제 다음 사항을 부연하겠다. 복잡성은 단지 복잡성과 비복잡성(단순성)의 결합일 뿐아니라, 단순한 것과 복잡한 것이 맺는 관계의 한가운데에 있다. 왜냐하면 그 관계는 적대적이면서 상보적이기 때문이다.

나는 단순성의 신화는, 진부하지 않은 지식이 되려는 과학 지식에, 현상의 거품이 아니라 현상 뒤에 숨은 눈에 보이지 않는 것을 찾아내려는 과학 지식에 놀랄 만큼 넓게 적용할 수 있다고 생각한다. 바슐라르는 "감춰진 것에 대한 과학만 있을 뿐이다"

고 말했다. 그런데 눈에 보이지 않는 것을 찾으면서 사람들은 외양과 현상의 세계 뒤에서, 세계의 질서를 구축하는 법칙들의 배후 세계를 발견한다. 만일 사람들이 이 과정을 따른다면, 실재 세계보다 더 실재적인 배후 세계를 통찰하는 데 이르게 된다. 왜냐하면 배후 세계는 질서에 기반을 두며, 우리의 실재 세계는 인도 철학에서 말하듯 외양의 세계, **마야**(현상 세계를 움직이는 원동력—옮긴이), 환상, 부대 현상의 세계가 되어버리기 때문이다.

나중에 다시 거론하겠지만 진짜 문제는 이 외양의 세계, 부대 현상, 무질서, 상호작용의 세계 또한 우리의 세계이며, 배후 세계에 있는 것은 절대적인 질서가 아니라 그와 다른 무엇이라는 점이다. 양자물리학과 아인슈타인 물리학의 이상한 공존은 절대적 질서가 아닌 이 무엇인가를 우리에게 가르쳐주었다. 그것은 아인슈타인-포돌스키-로젠 패러독스〔알베르트 아인슈타인이 네이선 로젠(Nathan Rosen)과 보리스 포돌스키(Boris Podolsky)의 도움을 받아 연구를 진행해 1935년 5월에 발표한 논문을 말한다. 세 사람의 이름 첫 글자를 따서 EPR(Einstein, Podolsky, Rosen)로 알려진 4쪽짜리 논문은 아인슈타인이 미국에 온 후 발표한 논문 중에서 가장 중요했다. 논문의 제목은 〈물리학적 실재에 대한 양자역학적 설명을 완전하다고 할 수 있을까?〉였다. 〈뉴욕 타임스〉 기사의 제목은 '아인슈타인이 양자이론을 공격하다—과학자와 두 동료는 이것이 옳기는 하지만 완전하지 않은 것으로 밝혀냈다'였다—옮긴이)를 테스트한 아스페의 실험으로 밝혀졌다. 이 실험은 아인슈타인이 틀렸다고, 즉 거짓이라고 생각했던 것이 실은 사실이었음을 보여주었다.〔아인슈타인, 포돌스키, 로젠은 불확정성의 원리와 대결하면서 우주가 인과론적으로 명확하게 확정되었다며 우주의 국소성을 내세웠다. 국소성 원리는 공간적으로 떨어진 두 물체는 직접 영향을 미치지 못한다는 물리학 원리이다. "신은 주사위 놀이를 하지 않는다"는 아인슈타인의 유명한 말은 불확정성의 원리를 부정하는 말이었다. 그러나 아인슈타인은 나중에 이 말을 공식 철회하면서 불확정성 원리를 인정했다. 양자역학의 불확정성의 원리는 실험을 통해 EPR 패러독스를 강하게 반증했다. 아스페의 실험은 전자의 스핀은 공간상 떨어져 있어도 서로 연관돼 있다는 것을 확률 분포로 검증한 사례로, 이 검증에서 EPR 패러독스가 틀렸음이 판명되었다. 양자역학에서 불확정성의 원리로 설명되는 우주의 비국소성, 즉 양자 얽힘은 우주의 근본으로, 공간에서 서로 떨어진 입자가 영향을 주면서 정보를 교환하지 않고 양자 얽힘으로 영향을 받는 것을 가리킨다―옮긴이〕

나는 여러분의 물리학자 친구에게 이 실험의 의미가 무엇인지 묻고 싶다. 나는 그것에 관한, 장 피에르 비지에(Jean-Pierre Vigier)를 계승한 데이비드 봄(David Bohm)의 해석, 베르나르 에스파냐(Bernard Espagnat)의 해석, 올리비에 코스타 드 보르가르(Olivier Costa de Beauregard)의 해석 등 세 종류의 해석을 알고 있다. 모든 사물이 공간 안에서 공간으로 분리된 우리의 세계는 또한 분리가 없는 세계이기도 하다. 이는 우리의 구별되는 세계 뒤편에는 구별 없는 다른 것이 있다는 사실을 보여준다. 즉 복잡성이라는 구상에서 보자면 배후 세계에는 복잡성도, 단순성도, 질서도, 무질서도, 조직도 없다는 것을 의미한다. 따라서 어떤 사람들은 이 관점에서 유일하고 근본적인 현실처럼 여겼던 측정할 수 없는 허(虛)에 관한 도교의 사유를 다시 고려할 수 있다.

내가 볼 때 복잡성이라는 근본적인 생각은, 세계의 본질은 단순하지 않고 복잡하다는 사실을 의미하는 것이 아니라, 세계의 본질은 인간의 이해력 밖에 있음을 의미한다. 복잡성은 질서, 무질서, 조직 사이의 대화 관계이다. 하지만 이 복잡성 뒤에서, 질서와 무질서는 용해되고 구별은 사라져버린다. 복잡성의 미덕은 질서의 형이상학을 규탄하는 것이다. 알프레드 화이트헤드(Alfred Whitehead)가 아주 적절하게 말했듯이, 질서라는 생각 뒤에는 두 가지가 있다. 한 가지는 숫자가 궁극적 현실이라는 피타고라스의 마법 같은 생각이고, 다른 한 가지는 신적 분별력이 세계 질서의 근본이라는, 데카르트와 뉴턴이 가졌던 생각이지만 오늘날에도 여전히 존재하는 종교적 생각이다. 따라서 사람들이 신적 분별력과 숫자의 마법을 철회했을 때 무엇이 남을까? 절대적인 법칙들? 자기 충족적인 우주의 역학? 진짜 현실? 나는 이런 형편없는 통찰력에 복잡성이라는 생각을 대립시킨다.

이런 틀 속에서 나는 복잡성을 상대화하는 것을 전적으로 수용한다. 한편으로 복잡성은 단순성을 통합하고, 다른 한편 인간의 이해력 밖에 있는 것으로 통한다. 나는 이런 조건에서, 세계의 본질을 밝혀내는 원칙이 아니라 세계를 고려하는 사고의 원칙으로 복잡성을 수용하는 것에 전적으로 찬성한다. 나는 이렇게 방향을 조절한 다음 몇 가지 규칙을 정하고자 한다. 그것은 내가 '복잡성의 명령'[4]이라는 제목을 붙인 장에 있다. 여기서 그것을 전부 인용하지는 않겠지만, 거기에는 열 개의 원칙이 있다. 시간의 불가피성, 관찰자와 관찰 간의 관계의 불가피성, 대상과 환경 간의 관계의 불가피성 등이다. 이것을 참조하기 바란다. 바로 이것이 내게는 묵계이며, 실은 복잡성이다.

그런데 왜 나는 별로 원치 않았으면서 묵계라고 말했을까? 그 이유는 나를 비판한 안토니우 마르케스(Antonio Marques)와 내가 깊은 묵계 상태에 있다고 느끼기 때문이다. 나는 그를 이런 차원에서 새롭게 보게 되었다. 복잡성이란 어떤 근본이 아니라, 현상적 조직의 현실을 주시하는 조절 원칙이다. 현상적 조직의 현실 속에 우리가 있고, 그 현실은 우리의 세계를 형성한다. 누군가는 괴물을 이야기했는데, 나는 사실 현실 세계는 괴물 같다고 생각한다. 그것은 엄청나게 크고, 규범 바깥에 있으며, 우리의 조절 개념에서 아주 멀리 벗어나 있다. 하지만 우리는 이 조절을 최대한으로 사용하려고 노력한다.

과 학 의   발 전

이제 다른 요점으로 넘어가자. 나는 내가 일리야 프리고진(Ilya Prigogine)과 이사벨 스텐저스(Isabelle Stengers)〔프리고진과 스텐저스가 공동 저술한 《새로운 연합》(1979)과 이 책의 수정증보판인 《혼돈으로부터의 질서—사람과 자연과의 새로운 대화》(1984)는 다양한 분야에서 논쟁을 불러일으키면서, 인문사회과학자들에게 결정론적 세계관의 대안으로 각광받았다—옮긴이〕가 그랬던 것처럼 고전과학을 이야기하면서 이상형, 추상적 유형 등을 격렬하게 공격했다고 말하고 싶다. 나는 막스 베버가 말했듯 그것은 '유토피아적 합리화', '이상형'이라는 점을 충분히 설명하지 못했을지도 모른다. 내가 지금까지 출간한 책에는, 앞으로 출간될 책에서는 더 이상 발견되지 않을 문제들이 있다. 나는 과학이 이상적인 단순화에도 불구하고 사실 복잡하기 때문에 발전한다는 설명을 빠뜨렸다. 과학은 복잡하다. 왜냐하면 사회학적 도면 위에서 과학을 보면 한편에는 아이디어나 이론 간의 경쟁과 갈등 원칙이, 다른 한편에는 만장일치, 검증과 논증 법칙 수용의 원칙이 있는데, 이 두 가지 원칙 사이에는 경합과 상보적인 적대가 존재하기 때문이다.

과학은 합의는 물론 갈등에도 기반을 두고 있다. 과학은 또한 독립적이고 상호의존적인 네 개의 발, 즉 합리성, 경험주의, 상상력, 검증으로 움직인다. 합리주의와 경험주의 사이에는 영속적인 갈등이 존재한다. 경험적인 것은 합리적 구성을 파괴하고, 이 합리적 구성은 새로운 경험적 발견으로 재구축된다. 검증과 상상력 사이에는 갈등하는 상보성이 존재한다. 마지막으로 과학의 복잡성이란, 과학적인 것 안에 비과학적인 것이 현존함을 의미한다. 이것은 과학적인 것을 파기하지 않고 오히려 그것이 표출되도록 해준다. 나는 사실 근대 과학이 단순화하는 이론들에도 불구하고 대단히 복잡한 기획이라고 생각한다. 과학은 이런 과정에서 언제나 강박적으로 단순화를 추구하지는 않았다고 말하기 위해 여러분이 들었던 예는 전적으로 옳았다.

만일 과학사를 연구한다면, 실패라고 간주되었는데도 대단히 풍요로운 시기, 그리고 낭만적 과학이라고 불리는 것을 이야기해야 한다. 나는 대단히 흥미로운 이 문제를 등한시했으며, 복잡화가 아니라 단순화의 결점을 갖고 있었다.

환원을 생각해보자면, 사실 문제는 생각보다 훨씬 더 미묘하다. 환원의 성과는 모두 현실에서 새로운 복잡화와 부딪힌다. 분자생물학에서 최근의 예를 들어보자. 겉보기에 그것은 생기론자에 대한 환원주의자의 승리인 듯하다. 왜냐하면 그것은 살아 있는 질료가 아니라 살아 있는 시스템이 있다는 사실을 보여주기 때문이다. 그런데 포퍼는 우리에게 물리-화학적 환원주의는 전체 우주의 역사, 다시 말해 적어도 140억 년간의 사건을 재도입하는 값을 치러야 했다는 사실을 가르쳐주었다. 생물학적인 것을 화학적인 것으로 환원하려면, 살아 있는 질료의 전체 역사, 소립자와 천체를 구축하고, 원자, 탄소 원자 등을 다시 만들어야 한다. 이런 식으로 환원은 역사적 복잡화라는 대가를 치르게 한다. 앙리 아틀랑(Henri Atlan: 프랑스의 생물학자이자 철학자로 복잡성과 유기체의 자기조직 이론의 개척자이다─옮긴이)은 생물학적인 것을 물리-화학적인 것으로 환원하는 일은 물리-화학적인 것을 복잡하게 만들도록 강제한다고 말했다. 나는 여기에 생물학적 환원주의는 이 환원주의적 프로그램에서 예상되지 않았던 개념, 즉 기계·정보·프로그램 등의 아이디어를 도입하면서 대가를 치른다는 사실을 덧붙였다.

따라서 과학의 발전은 사람들이 자신이 찾는 것을 결코 발견하지 못한다는 이 놀라운 원칙에 따른다. 심지어 자신이 찾는 것과 정반대의 것을 발견하곤 한다. 사람들은 열쇠를 발견할 테고, 단순한 요소를 발견하리라고 믿지만, 문제를 재개하거나 뒤엎어버리는 무엇인가를 발견하게 된다. 환원이라는 생각과 관련해 여러분이 말한 것과 마찬가지로 나는 화학을 미시물리학으로 환원하는 것이 화학을 더이상 지속할 수 없게 방해하진 않는다는 사실을 덧붙이겠다. 사실 여러 차원, 여러 층위가 존재한다. 어쩌면 층위뿐만 아니라 관찰자의 시각, 관점도 존재한다. 그리고 또한 조직의 여러 수준도 존재한다. 조직의 상이한 수준에서 이것에 적절한 어떤 특성과 속성이 나타난다. 따라서 각각의 수준에서 새로이 검토해야 한다. 이것 역시 환원주의에 한계를 설정하는 것이다.

이것은 모두 복잡성의 핵심은 동질화하고 환원할 수 없다는 불가능성임을 말하고, **하나인 여럿, 여럿이자 하나**의 문제이다.

잡음과 정보

내가 설명하려는 프로그램에는 아직 분명히 설명하지 못한 것이 남아 있다. 바로 마누엘 아라우주 조르즈(Manuel Araüjo Jorge)가 말한 것이다.

나는 조르즈 씨와 단 둘이서 대화하겠다거나 그에게 정면으로 맞서겠다는 것은 아니고, 이 비판적인 논쟁의 몇 가지 유기적 연결점을 주시하려 한다.

첫째로, 몇 가지 공식은 잡음이 (내 생각에는) 새로움의 유일한 원천이라는 사실을 이해하게 해주었다. 그런데도 나는 분자생물학의 규범적인 명제에, 그리고 진화하는 새로움을 우연으로 설명하는 것에 섣부르게 반발했다. 나는 언제나 필요불가결한 우연은 결코 유일하지도 않고 모든 것을 설명해주지도 못한다고 이야기했다. 즉 운과 조직적인 잠재성이 합류해야 하는 것이다. 따라서 나는 새로운 것을 '잡음'으로 환원하지 않는다. 우연한 사건을 수용하는 자기조직에 포함된, 재조직하는 잠재성 같은 무엇인가가 있어야 한다.

둘째로, 조르즈 씨는 높은 복잡성과 낮은 복잡성에 관한 아틀랑의 비판을 암시했다. 나는 《방법》 제2권[5]에서 이 비판을 다루었다. 그리고 나는 수정했다. 즉 자기비판을 했다. 당신은 아마 나를 정신분석했겠지만, 나의 자기수정 능력을 충분히 정신분석하지는 않은 듯하다.

나는 복잡하고 다양할수록 상호작용이 더 많이 일어나고 우연이 더 많이 존재한다는, 즉 대단히 높은 수준의 복잡성은 마침내 해체로 귀착한다는 생각은 대단히 생산적이라고 본다. 그리고 해체되는 경향이 있는 복잡성이 높은 시스템은 오직 문제를 해결할 방법을 만들어내는 능력을 갖고 있어야만 해체에 대항해 투쟁할 수 있다고 생각한다. 하지만 나는 제약, 즉 강제된 질서의 필요성을 평가절하했다. 나는 (오늘날에는 더 이상 그렇지 않지만) 1970년대 초에 군림했던 질서의 형이상학에 대항한 나의 투쟁은, 질서의 왕위를 박탈하려는 강박이 무질서에 특권을 주는 것처럼 보일 수 있다는 점을 말하고자 한다. 그렇지만 나는《방법》제1권[6]에서도 이미 아틀랑의 잡음에서 나온 질서 원칙〔이것 자체는 '잡음에서 나온 질서(order from noise)'라는 하인츠 폰 푀르스터의 생각에서 비롯되었다〕과 전혀 다른 것을 공식화했다.

나는 이 두 가지 이해에 결여된 조직이라는 아이디어를 도입했을 뿐 아니라, 질서–무질서–상호작용–조직으로 된 4항 도식을 제시했다. 이 4항 도식은 축소될 수 없다. 우리는 어떤 현상에 대한 설명을 순수한 질서의 원칙으로, 순수한 무질서의 원칙으로, 최종 조직의 원칙으로도 귀착시킬 수 없다. 우리는 이 원칙들을 뒤섞고 조합해야만 한다.

질서, 무질서, 조직은 상호 의존적이고, 어떤 것도 다른 것보다 우위에 있지 않다. 무질서가 본래적이라고 말한 사람은 미셸 세르(Michel Serres)이지 나도, 아틀랑도, 프리고진도 아니다. 4항 도식이라는 내 아이디어는, 〔야훼가 모세에게〕 율법이 적힌 판을 주었던 시나이 산의 4항 도식과는 완전히 다르다. 그것은 "이것이 설명의 조건과 한계이다"고 말하는 4항 도식이다.

나는 생물학 영역이 발전하면서 무질서를 통합하거나 묵인하는 능력만 생겨나는 것이 아니라 질서도 증가한다고 덧붙였다. 생물학적 질서는 새로운 질서이다. 왜냐하면 그것은 제어, 항상성, 프로그래밍의 질서이기 때문이다. 오늘 나는 복잡성은 질서와 무질서, 그리고 조직의 과정이라고 말하겠다. 그리고 복잡성은 질서 특성의 변화, 무질서 특성의 변화라고 하겠다. 대단히 높은 수준의 복잡성 안에서 무질서는 자유가 되고, 질서는 제약이라기보다는 조절 장치가 된다. 따라서 나는 내 관점을 수정했고, 복잡하게 만들면서 다시 한번 수정했다.

정보 이론에 관련해서도 나는 의견을 바꾸었다. 나는 《방법》 제1권[7]에서 정보를 도입한 것이 다소 유감스럽다.

브리유앵에게 배운, 정보가 물리학적으로 정의된다는 사실은 나를 매혹시켰다. 그런데 사실 그것은 부분적인 진리였다. 정보는 물리학-생물학-인류학적으로 정의되어야 한다.

정보는 이론의 여지없이 물리적인 측면이 있지만, 살아 있는 존재와 함께할 때만 그러하다. 우리는 그것을 20세기에 아주 늦게야 발견했다. 엔트로피나 네겐트로피 개념과 마찬가지로 나에게 정보 개념의 역할은 점점 줄어든다. 정보 이론은 내게 점차 휴리스틱한 이론 수단처럼 여겨질 뿐, 더 이상 지성의 근본적인 열쇠처럼 여겨지진 않는다. 나는 정보 이론의 내부에 있는 것이 아니라, 이 이론 자체 혹은 이 이론이 브리유앵이나 아틀랑 식으로 발전된 것이 초래한 것을 사용할 뿐이다. 게다가 네겐트로피라는 단어는, 그리 유용하지 않다고 판단했기 때문에 대부분의 후속 글에서는 언급하지 않았다.

정 보 와   지 식

우리는 이제 정보와 지식의 차이라는 중심 문제에 이르렀다. 나는 그것이 핵심 문제라고 생각한다. 여기에서 토머스 엘리엇(Thomas Eliot)의 한 문장이 떠오른다. "우리가 정보 속에서 잃어버린 지식은 무엇인가, 그리고 우리가 지식 속에서 잃어버린 지혜는 무엇인가?" 그것은 전적으로 현실의 상이한 수준들이다. 지혜는 성찰적이고, 지식은 조직적이고, 정보는 엄밀하게는 **비트**(bits)로 지정되는 단위 형식으로 표현된다고 말할 수 있다. 정보라는 개념은 확실히 정보처리라는 아이디어에 비해 부차적이다. 《방법》 제1권에서 제2권으로 이행하는 것은 정보처리의 차원으로 향해 가는 이행이다.

그렇다면 무엇이 중요한가? 그것은 정보가 아니라, 세계의 정보를 다루고 심지어 캐내는 정보처리이다. 나는 폰 피르스터의 주장에 동의하면서 정보는 자연에 존재하지 않는다고 주장한다.

우리는 자연에서 정보를 추출해낸다. 그리고 자연의 요소와 사건을 기호로 변형하고, 정보의 중복을 통해 잡음에서 정보를 뽑아낸다. 물론 정보는 살아 있는 존재가 서로 소통하고 기호를 해석해낼 때부터 존재해왔다. 그러나 삶 이전에 정보가 존재하지는 않았다.

정보는 '살아 있는 정보처리'를 가정할 뿐만 아니라 결코 정보의 전산 처리로 귀착되지 않는다. 살아 있는 정보처리는 내가 보기에 디지털이 아닌 차원을 포함한다. 삶은 그 자체로 분화되지 않은 인식 차원을 포함하는 정보처리 조직이다. 이 지식은 결코 자기 스스로를 인식하지 못한다. 세균은 자신이 인식하는 것을 인식하지 못하고, 자신이 알고 있다는 사실조차 알지 못한다. 동물의 뇌 기관은 분화된 인식 기관을 구축한다. 동물의 뇌 기관은 감각 수용기가 선별하고 코드화하는 자극을 직접 처리하지는 않고, 자신의 뉴런들이 행하는 정보처리를 정보처리한다.

따라서 지식은 조직적이기 때문에 정보와 지식 간의 차이가 발생한다. 지식은 지식과 이미 알려진 것 사이에 개방과 폐쇄의 관계를 가정한다. 즉 '살아 있는 조직'처럼 지식은 개방되어 있으면서 동시에 폐쇄되어 있다. 그것은 자기 자신과 자기 외부를 모두 지시하는 정보처리의 문제이다. 그것은 또한 세포를 외부로부터 분리하고 동시에 세포를 외부와 소통하게 하는 경계의 문제이다. 문제는 폐쇄를 조건 짓는 개방, 그리고 개방을 조건 짓는 폐쇄를 이해하는 것이다. 뇌 기관은, 그것을 외부 세계와 연결하는 중개자에 의해 이 외부 세계와 분리된다.

여기에서 내가 대단히 신뢰하는 한 가지 아이디어가 생겨난다. 즉 지식은 외부 세계와 분명히 분리된다는 것 그리고 외부 세계와 어떤 식으로든 분리된다는 것을 가정할 뿐만 아니라 자기 자신과 분리된다는 것도 가정한다. 내 정신이 아무리 영리하다고 해도 사실 이 정신이 의존하고 있는 뇌에 관해서는 전혀 모른다. 내 정신 혼자서는, 뇌가 무수한 뉴런들 사이의 시냅스(신경세포의 연접부)와 상호작용하며 기능한다는 사실을 간파할 수 없다. 내 정신이 내 몸에 관해 무엇을 아는가? 아무것도 모른다. 내 정신은 오직 외부 수단, 과학적으로 탐구하는 수단을 이용해서만 내 몸에 대해 알 수 있을 뿐이다. 나는 안토니우스와 클레오파트라의 예를 들었다. 안토니우스가 클레오파트라에게 사랑을 외쳤던 순간, 그는 자신이 클레오파트라가 누구인지 알지 못하는 수십억 개의 세포로 구성되었다는 사실을 알지 못했다. 그리고 세포들은 자신들이 클레오파트라를 사랑하는 안토니우스라고 불리는 한 남자를 구성한다는 사실을 알지 못한다. 우리 자신에 관한 우리의 관계 속에서, 지식은 엄청난 무지의 빙산에서 솟아오른다는 사실은 놀랍다. 알려지지 않은 것은 외부 세계일 뿐 아니라 우리 자신이기도 하다. 이런 식으로 우리는 지식이 어떻게 인식하는 것과 인식되는 것의 분리를 가정하고, 우리 자신과의 내적 분리를 가정하는지 이해하게 된다.

패러다임과 이데올로기

인식한다는 것은 곧 외부 세계의 현실을 번역하는 것이다. 내가 보기에, 우리는 우리가 인식하는 대상의 공동 생산자이다. 우리는 외부 세계와 공동으로 일하는데, 바로 이 공동 생산이 우리에게 대상의 객관성을 부여해준다. 우리는 객관성의 공동 생산자이다. 따라서 나는 과학적 객관성을 단지 하나의 정보로 여길 뿐만 아니라 하나의 생산물로도 여긴다. 또한 객관성은 주관성과 관련된다. 나는 사람들이 세포로 이루어진 존재의 고유한 자기 조직 과정으로부터 주체에 관한 객관적 이론을 만들 수 있다고 생각한다. 그리고 이 주체에 관한 객관적 이론은 우리로 하여금 주관성의 상이한 발전들(의식하는 주체 인간까지)을 이해할 수 있게 해준다고 생각한다. 하지만 이 객관적 이론이 결코 주체의 주관적 특성을 없애지는 않는다.

나는 이제 대단히 신속하게 패러다임이라는 아이디어로 넘어가려 한다. 나는 우유부단하고 불확실한 토머스 쿤의 정의[토머스 쿤은 1962년 《과학혁명의 구조》에서 패러다임(paradigm)이라는 용어를 최초로 사용했다. 이는 기존의 낡은 가치관이나 이론을 뒤엎는 혁명적인 주창을 가리킨다. 예를 들어 중세의 천동설이 갈릴레이에 의해 지동설로 변화된 것은 패러다임의 전환으로 볼 수 있다. 여기서 패러다임이란 한 시대 특정 분야의 학자나 사회 전체가 공유하는 이론이나 법칙, 지식, 가치를 의미한다. 넓게는 가치관이나 사고방식을 의미한다—옮긴이]와는 다른 패러다임에 관한 정의를 내릴 것이다. 패러다임에 관해 나는 구조주의 언어학의 정의와 쿤 식의 통속화된 정의의 중간쯤에 위치하는 정의를 내렸다. 패러다임이란 몇몇 주요 개념과 범주 사이의 논리적 관계, 예컨대 포함, 결합, 분리, 배제 등의 형식이다. 어떤 패러다임은 다른 논리적 관계를 희생시키고, 몇 가지 논리적 관계에 특권을 부여한다. 이렇게 어떤 하나의 패러다임이 담론의 논리를 통제하게 되는 것이다. 패러다임이란 논리와 의미론을 동시에 통제하는 하나의 방식이다.

이데올로기 문제에 관해서도 간단하게 말해보자. 내게 이데올로기라는 단어는 완전히 중립적인 의미를 가진다. 즉 이데올로기는 아이디어들의 시스템이다. 내가 이데올로기라고 말할 때, 나는 다른 사람들의 아이디어를 규탄하는 것도 지적하는 것도 아니다. 나는 이론, 교리, 철학을 아이디어들의 시스템이 되는 0도의 상태로 돌려보낸다.

과 학 과   철 학

이제 과학-철학 문제를 명확하게 설명해야 하는데, 이는 반드시 필요한 작업이다. 내가 쓴《의식 있는 과학》[8]은 '과학을 위해'라는 장으로 시작된다. 나는 거기에서 과학이란 성찰만으로는 다 다르지 못하는, 놀랄 만한 발견과 성숙을 가져다준 인간 지성의 모험이라고 이야기했다. 셰익스피어는 "철학보다 세계에는 훨씬 더 많은 것이 있다"고 말했다. 그렇다고 내가 철학을 무시하는 것은 아니다. 왜냐하면 오늘날 이 얼음같이 차가운 세상에서 철학은 성찰의 피난처이기 때문이다. 나는 과학과 철학의 결합이 물론 대단히 힘들겠지만 바람직하다고 생각하고, 철학과 과학이 아무리 일반적으로 분리되고 있다 해도 이 분리를 체념하여 순순히 받아들이지는 않는다.

과학에 관한 두 번째 관점을 말해보자. 나는 전문화된 과학 실험실과는 아무런 관련이 없지만 과학 이론에 포함되었거나 함축된 아이디어에 관심이 많다. 나는 물리학과 생물학이 진보하면서 요청되는 '다시 사유하기'에 특히 관심이 있다. 이런 식으로 또다시 소립자의 예를 들어보면, 사람들은 근본-개념으로서 소립자에서 경계-개념으로서 소립자로 이행해갔다. 그때부터 소립자는 더 이상 단순하고 기초적인 실체를 가리키는 것이 아니라, 우리를 이해할 수 없는 것과 말로 표현할 수 없는 것의 경계로 이끌어 간다. 따라서 나는 근본적인 패러다임 혁명의 시대에 접어들었다고 장담한다. 그것은 16세기부터 17세기까지 있었던 혁명보다 더 급진적이라고 말할 수 있을 것이다. 나는 우리가 대단히 보기 어려운 세기적 변화에 참여하고 있다고 생각한다. 대단히 보기 어렵다고 한 이유는 이 변화가 완성된 상태를 고려하려면 우리는 미래에 가 있어야 하기 때문이다. 비교하자면 그것은 마치 제2차 세계대전 동안 미국과 일본의 함대가 교전하던 태평양과 비슷하다. 선박, 어뢰정, 잠수함, 비행기, 기갑부대가 수백 킬로미터나 되는 전장에서 싸웠다. 그것은 무작위로 벌어진 수천 개의 개별 전투였고 병사들은 다른 전투에 대해서는 잘 알지 못했다. 마침내 배 한 척이 후퇴하자 사람들은 미국이 이겼다고 말했다. 결국 개별 전투는 개별적인 의미를 가진다.

오늘날에도 고르디아스의 매듭, 즉 진행 중인 혁명처럼 대단히 힘겨운 싸움이 있다. 과학자의 의식과 그가 진짜 하는 일은 일치하지 않는다. 당신은 과학자가 옳다고 말한다. 하지만 그는 정말 자신이 하는 일을 알고 있을까? 과학은 자신의 변화를 의식할까? 이는 전적으로 확실하지 않다. 자기의식은 최상의 명석함에 대한 증거가 아니다. 우리는 그것을 일상생활에서 끊임없이 확인한다.

내 생각에 의식화에는 자기비판이 필요하지만, 이 자기비판은 비판으로 촉진되어야 한다. 불행히도 과학자의 세계에는 순응주의와, 과학이 대체 어디로 가고 있는가라는 소름 끼치는 질문을 은폐할 만큼 커다란 만족감이 있다. 히로시마〔원자폭탄이 투하된〕이후, 이 질문은 원자물리학자 집단의 외부에서 먼저 제기되었고, 그다음에 내부에서 제기되었다. 과학의 기술-관료주의화는 과학자와 마찬가지로 시민에게, 사회 현상으로서의 과학 문제를 제기한다.

과 학 과 사 회

과학과 사회의 관계는 대단히 복잡하다. 사회의 변두리에 있던 과학은 독립적인 몇몇 인물 덕에 과학 사회와 아카데미를 통해 하나의 제도가 되었다. 오늘날 과학은 사회 중심부에 자리를 잡고 있다. 사회에 영향을 미치면서 과학 자체는, 노동이나 산업 조직의 기술-관료주의적인 결정 과정을 거친다. 과학과 사회의 상호 피드백을 지각하기란 대단히 어렵다. 복잡한 사회학과 인식을 통해 이 관계를 이해할 수 있다. 사람들은 이 문제를 너무 늦게 제기했다. 예컨대 프랑스에서는 이 문제를 해명하고자 2년 전에 STS, 즉 '과학 · 기술 · 사회 위원회'를 창설했다. 왜냐하면 기존의 어떠한 분과 학문도 이런 종류의 상호작용을 해명하지 못했기 때문이다. 이것은 대단히 힘들고 어렵게 시작되었다. 그만큼 학제간연구의 개념틀을 만들기란 어려운 것이다.

과 학 과   심 리 학

조르즈 코레이아 제주이노(Jorge Correia Jesuino)는 내가 피아제를 잘 알지 못한다는 사실을 간파했다. 나는 그 점을 인정한다. 나는 우연하고 사소한 이유 때문에 피아제에게 분명한 자리를 부여하지 않았다. 우선 내가 많이 인용한 작가는 내가 1968년 이후에 발견한 사람들로, 나는 《방법》[9]을 쓰려고 이들을 메모해두었다. 나는 그전에 이미 피아제를 알고는 있었지만, 그의 책을 거의 읽지 않았다. 나는 인식론에 관한 플레이아드 판 피아제 전집[10]을 다시 읽었는데, 거기에는 대단히 중요한 텍스트들이 있었다. 이런 이유로 피아제는 중대한 작가이면서도 내 책에서는 평가절하되는 것처럼 보이게 되었다. 그는 인문학, 생물학, 심리학, 인식론의 교차 지점에 있다. 나는 《인식의 인식》에서는 피아제의 발생학적 인식론을 평가절하하지 않았다. 그리고 피아제의 전집을 읽으면서 그가 과학의 고리, 과학의 순환이라는 아이디어를 가지고 있었음을 알게 되었다. 나는 이 아이디어를 약간 다른 방식으로 내가 인식론의 고리라고 부른 것으로 표현했는데, 이 인식론의 고리는 개방 상태와 어려움에 대해 많이 강조한다. 그리고 피아제는 인식체계적 주체라는 아이디어를 주장했는데, 내가 보기에 그 아이디어는 적용 범위가 대단히 넓다. 나는 피아제의 구성주의(심리학에서 구성주의는 인간이 경험을 바탕으로 지식과 의미를 구성해낸다고 보는 이론이다. 교육학에서는 피교육자들이 학습을 받기 전에 가졌던 개념을 바탕으로 교육을 받는다고 본다. 피아제는 구성주의를 주장한 대표적인 인물로, 그의 구성주의 학습 이론은 다른 학습 이론과 교수 방법론에 큰 영향을 주었다—옮긴이)에 건축자가 결핍되어 있다는 사실을 제외하곤 그의 구성주의를 지지한다. 피아제는 잘 인식하고 배우려면 선천적으로 복잡한 조직력이 있어야 한다는 것을 알지 못했다. 여기서 선천적이라는 것은 행위가 선천적으로 프로그래밍되었다는 의미가 아니라 선천적인 습득 구조를 말한다.

피아제와 촘스키의 대화는 귀머거리들의 대화라고 할 만한데, 이는 두 문명화된 영혼이 벌이는 토론의 야만적인 측면을 보여준다. 피아제는 사람들이 지각, 구성의 선천적인 구조라고 부르는 것의 강력한 역할을 인정하기를 대단히 곤혹스러워한다. 촘스키는 피아제가 제기했던 "선천적인 구조의 구성은 어디에서 오는가?"라는 질문에 답하지 않은 채 생득론(영아가 태어날 때부터 대상 개념과 같은 물리적 세계의 본질을 상당히 아는 채로 태어난다고 보는 주장이다—옮긴이)을 고수했다. 이 선천적 구조의 구성은 오직 외부 환경과 맺는 대화 관계의 산물일 것이다. 그런데 인식의 현상태는 어떠한 설명도 허용하지 못한다. 따라서 피아제는 그의 표현형 모사(模寫) 이론(피아제는 16년 동안 여섯 세대에 걸쳐 달팽이를 관찰하고 실험했다. 서식처 A는 움직임이 없는 조용한 연못으로 여기에는 가늘고 긴 형태의 달팽이가 살았다. 서식처 B는 완만한 파도가 이는 연못으로 가늘고 긴 형태의 달팽이와 공 모양의 달팽이가 함께 살았다. 거친 파도가 치는 서식처 C에는 공 모양의 달팽이가 살았다. 공 모양을 띤 것은 파도치는 연못에 적응하려는 표현형의 변화로 파악된다. 그런데 B에서 공 모양을 한 달팽이의 자손은 B에 살 때는 공 모양을 띠었으나 A로 옮기자 다시 가늘고 긴 형태로 변화했다. 하지만 유전형의 변화는 없었다. 그러나 C에 사는 달팽이의 자손은 A로 옮겼으나 그 표현형이 그대로 유지되었다. 이는 유전형이 표현형을 복사한 것, 즉 표현형 모사가 된 것이다. 이 표현형 모사 이론은 환경의 영향에 따른 유기체의 조정을 의미한다. 그리고 이와 같은 생물학적 진화론은 인지 발달에도 적용된다. 피아제에 따르면, 사람들은 모르는 것에 당혹감을 느끼고 이 모순을 없애려고 자신의 사고를 재조직해 그 결과 높은 수준으로 진화한다. 이것이 바로 인지적 표현형 모사이다. 생물학적 표현형 모사와 인지적 표현형 모사는 새로운 기능으로 이끄는 질서 있는 재조직, 즉 조정의 개념에 기반을 둔다. 그리고 이 조정은 외부의 영향에 대한 주체의 자율적인 조정이다—옮긴이)으로 열쇠를 찾아내려고 애썼다. 나는 피아제와 함께 인식의 생물학적 기원에 찬성한다. 하지만 나는 차후에 몇몇 다른 사실들을 알게 된 후에는, 피아제가 자기조직이라는 복잡한 문제 제기에 이르지 못하고 조직과 조절을 생각하는 수준에 머물렀다는 사실에 충격을 받았다.

나는 나의 정당함을 완전히 증명할 수는 없지만, 내 생각을 설명하기 위해, 또한 부당한 침묵에 유감을 표하기 위해 이 이야기를 했다. 내 관심사에는 심리학적 차원이 없는 것처럼 보인다는 당신의 지적은 옳다. 그렇지만 나는 내 책에서 심리학적 차원을 통합하고 있다고 생각한다. 나는 여러분에게 《인간과 죽음》,[11] 《상상적 인간》[12]에 이것이 분명히 언급되고 있다는 사실을 상기시키고 싶다.

능력과 한계

나는 이제 한계라는 핵심 문제에 이르렀다. 한계에 부딪혔는데도 불구하고 이 모순을 사용하면서 어떻게 사고할 수 있나? 우리가 사고하는 것을 방해하는 아포리(논리적 궁지)는 어떻게 다른 방식으로 우리의 사유를 고무할까? 잘 알려진 아포리를 한번 떠올려보자. 만일 우리가 이미 무엇인가를 알고 있지 않다면 우리는 어떻게 배울 수 있을까? 만일 우리가 무엇인가를 이미 알고 있다면 그것을 배우려고 하지 않는다. 그런데도 우리는 수영하는 것을 배우고, 운전하는 것을 배우고, 배우는 것을 배운다. 따라서 논리적인 모순 때문에 혼란에 빠지지 않아야 한다. 물론 정합적이지 않은 담론에 빠져서도 안 된다.

숨어 있지 않은 작가

나와 관련된 문제에 내가 대답해야 하는 걸까? 내 주관성은 여러분에게 대답하고 싶겠지만, 나는 나의 가장 주관적인 것에 관해서는 대답하지 않으려고 한다. 그렇다 해도 나는 내가 개인적으로 존재한다는 의식을 내 책에 표현해야 한다. 나는 숨어 있는 작가가 아니다. 나는 여기에서 마치 익명의 진리가 자기의 펜으로 이야기하듯이 생각들의 명백한 객관성 뒤에 숨어 있는 사람과 내가 다르다는 것을 말하고 싶다.

작가가 된다는 것은 좋건 나쁘건 자신의 생각을 책임지는 것이다. 게다가 나는 글 속에서 나 자신을 언급하는 편이다. 이런 식으로 자신을 글 속에 드러내는 것은 나를 낮추는 것이기도 하다. 나는 독자에게 내 주관성을 간파하고 통제할 가능성을 부여하면서, 주관적인 차원을 표명하고 그것을 화제에 올린다. 나는 정의를 내리면서 외연적이 되고자, 다시 말해 객관적이고 사전적인 의미로 정의하고자 애쓰고, 내가 제시하는 개념을 모두 정의한다고 생각한다. 정의가 내려지기만 하면 그것이 반향하고 상기시키는 모든 것을 언어로 가져온다.

나는 정의가 가지는 힘과 매력에 민감하다. 나는 그 힘과 매력에 저항하지 못하고 그것을 사용한다. 유비에 관해 말하자면, 사람들은 내가 사용하는 은유(métaphores)를 비난했다. 우선 나는 그것이 은유라는 것을 알고 은유를 사용한다. 이는 은유를 제대로 알지 못하고 사용하는 것보다 훨씬 덜 심각하다. 게다가 과학사가 은유의 본래 의미〔은유는 그리스어로 metaphora인데 이동(transfer)을 뜻한다―옮긴이〕인 개념의 이동으로 이루어졌다는 사실은 잘 알려져 있다. 인류-사회학적 기원을 가진 노동 개념은 물리학 개념이 되었다. 진화에서 시작된 정보라는 과학 개념은 물리학 개념이 되었고, 그후 생물학으로 이동해갔으며, 생물학에서 유전자는 정보의 보균자가 되었다.

개념의 이동

개념은 여행을 한다. 개념은 자기들이 여행한다는 사실을 알면서 여행하는 편이 더 낫다. 사실 세관원에게 적발되지 않고 여행한다는 것은 멋진 일이다. 개념의 은밀한 이동 덕에, 어쨌거나 분과 학문들은 질식 상태와 혼잡에서 벗어났다. 만일 개념이 은밀하게 이동하지 않는다면 과학은 완전히 혼잡한 상태에 있었을 것이다. 브누아 망델브로(Benoit Mandelbrot)는 위대한 발견이란 개념이 어느 한 영역에서 다른 영역으로 이동할 때 발생하는 실수의 산물이라고 말했다. 그리고 이 실수가 재능 있는 연구자들이 야기한 것이라고 덧붙였다. 실수가 생산적이려면 재능이 있어야 한다는 말이다. 이것은 또한 실수와 진리의 역할의 상대성을 보여준다.

여러분은 말장난을 좋아하는 내 성향을 '의식의 한계와 한계의 의식'처럼 간주한다. 헤겔, 마르크스, 하이데거는 말장난을 대단히 좋아했다. 그것은 나를 즐겁게 한다. 내 원고를 읽으면서 많은 친구들은 "이 말장난들은 빼버려. 과학자들은 너를 진지하게 여기지 않을 거야!"라고 말했다. 나는 처음에는 친구들의 충고를 따를까 했지만, 나중에 "아니야, 그렇게 하는 건 내게 좋지 않을 거야"라고 생각했다. 나는 내게 주관적인 작은 즐거움을 덤으로 주고자 했다. 이게 그렇게 문제인가? 나는 단어로 유희하는 것은 작가뿐만 아니라 단어들이라고 생각한다. 어떤 시인이 말했듯, 단어들은 사랑을 만든다. 의식의 한계에 관해 인용된 공식에서 흥미로운 것은 시소와 회귀이다. 즉 여러분은 단어들을 뒤집고, 순서를 바꾸고, 술어는 주어가 되고 주어는 술어가 되게 한다. 거기에서 여러분은 경우에 따라서는 회전 운동을 하고, 사유는 회귀적인 방식으로 다시 시작된다. 원인에 영향을 미치는 것은 결과이고, 생산자에게 되돌아오는 것은 생산물이다. 회귀적 고리라는 아이디어 그 자체는 시적으로 표현될 수 있을 것이다. 제라르 드 네르발(Gérard de Nerval)은 "13시가 되돌아오고, 그것은 언제나 1시이다"〔《환상 시집(Les Chimères)》에서 아르테미스가 읊은 구절—옮긴이〕고 말했다. 이때 여러분은 "선생님, 왜 그렇게 말씀하시죠? 그냥 13시가 바로 1시이고, 그게 다예요"라고 말하지는 않을 것이다. 그렇게 말한다면 여러분은 고리를 놓치게 된다. 엘리엇이 말했듯이 "끝은 당신이 출발했던 바로 그곳이다".〔887개의 행으로 된 엘리엇의 장시 〈네 개의 4중주(Four Quartets)〉에 나오는 구절—옮긴이〕 우리는 그가 무엇을 말하려 했는지 아주 잘 안다. 은유는 언어의 잔치, 그리고 사유의 잔치의 일부라는 것을 이해해야 한다.

이 성

이성? 나는 내가 이성적이라고 생각하지만, 이성은 진화하고 자기 안에 최악의 적을 두고 있다고 생각한다. 이성을 질식시킬 수 있는 위험은 바로 합리화이다. 호르크하이머, 아도르노, 마르쿠제가 이성에 관해 썼던 모든 것을 자각해야 한다. 이성은 천부적인 것이 아니고, 순조롭게 굴러가지 않으며, 합리화라는 내적 과정에 따라 스스로 파괴될 수 있다. 합리화란 논리적 망상, 실증적 현실이 통제하기를 멈추는 정합성에 대한 망상이다.

　내 생각에 이성은 이에 저항하는 외부 세계와 나누는 대화 형식으로 정의된다. 결국 진정한 합리성은 비합리성을 인정하고, 비합리적으로 될 수 있는 것과 대화한다. 사상사에서 볼 때, 비합리주의 사상가들은 무분별한 합리화에 합리적인 완화제를 투여했다는 사실은 강조할 만하다. 키르케고르는 헤겔에 관해 "그

선생님은 세계에 관해 모든 것을 안다. 단지 자기 자신이 누구인지를 잊어버렸을 뿐이다"고 말했다. 이 합리적인 조서를 작성하는 데에는 신비주의적인 신자가 필요했다. 닐스 보어는 대단히 합리적으로, 적어도 사람들이 저 너머로 갈 수 없는 한 우리가 파동과 입자의 아포리를 수용하게 만들었다. 피아제에 관해 다시 이야기하면 이성은 진화하고 계속 진화할 것이다.

나는 진정한 합리성은 미스터리에 관대하다고 생각한다. 잘못된 합리성에 빠지면, 기술과 자연에 대한 인식뿐만 아니라 신화에서도 사유의 복잡성을 지닌 사람들을 늘 '원시적', '유아적', '전(前)논리적'이라고 간주하게 된다. 이러한 이유 때문에 나는 우리가 거대한 모험의 출발점에 있다고 생각한다.《잃어버린 패러다임》[13]에서 나는 인류가 여러 차례 시작했다고 말했다. 인류는 한 번이 아니라 여러 번 태어났고, 나는 새로운 탄생을 기대하는 사람이다.

나는 이제 전지구적 철기시대라는 용어에 대해 설명하겠다. 전지구적 철기시대란 모든 문화와 문명이 영구히 상호 결합되는 전지구적인 시대에 접어들었다는 것을 가리킨다. 그리고 동시에 그런 상호소통이 이루어지는데도 사람들은 여전히 인종, 문화, 민족, 권력, 국가, 주권 간의 관계에서 전적으로 야만 상태에 머물러 있다는 것을 의미한다. 우리는 전지구적 철기시대에 살고 있고, 우리가 거기에서 벗어날 수 있을지 어떨지는 아무도 모른다. 전지구적 철기시대라는 생각과 우리가 인간 정신의 선사시대, 즉 사유의 야만 시대에 있다는 생각의 일치, 이는 우연이 아니다.

인간 정신의 선사시대란, 의식의 사유라는 지도 위에서 우리는 이제 겨우 출발점에 서 있을 뿐이라는 것을 뜻하는 말이다. 우리는 여전히 절단하고 분리하는 사고방식에 종속되어 있고, 복잡한 방식으로 사고하기란 대단히 어렵다.

복잡성이란 내가 가져온 처방책이 아니라 사고의 문명화에 대한 요청이다. 사고의 야만은 사고의 시스템들이 서로에게 야만적이라는 것을 의미한다. 이론들은 공생할 줄 모른다. 우리는 사고의 구상에서 공생할 줄 모른다. 야만은 무엇을 의미하나? 야만이라는 단어는 통제되지 않는다는 것을 뜻한다. 예컨대 문명의 진보가 야만의 진보를 동반한다는 생각은, 만일 우리가 역사-사회적 세계의 복잡성을 조금 이해한다면 전적으로 수용할 수 있다. 예를 들어 복지, 기술 발전을 비롯한 많은 발전을 가져온 도시 문명에서, 인간관계의 원자화는 공격성, 야만, 믿을 수 없을 정도의 무관심 등을 초래했다.

우리는 이 현상을 이해해야지 무서워해서는 안 된다. 나는 사람들이 최근까지도 우리가 역사를 완성하리라는 생각에 사로잡혀 살았던 것만큼, 우리의 과학이 그것의 원칙과 결과에서 중대한 것들을 획득한 만큼, 우리 이성이 마침내 정점에 이른 만큼, 산업 사회가 순조롭게 진행된 만큼, 발전되지 않은 것이 발전될 만큼, 발전한 것은 발전하지 않은 것이 아닌 만큼, 의식화가 중요하다고 생각한다. 사람들에게는 시대의 준(準)종말에 관한 행복한 환상이 있다. 이제 중요한 것은, 종말론과 천년왕국설에 빠질 게 아니라 우리가 한 시대의 끝에 있다는 것, 그리고 우리가 새로운 시대의 출발점에 있다고 보는 것이다.

주

서문

1. 분산되어 집필된 내 텍스트를 비평하고 선별하는 소중한 작업을 해준 프랑수아즈 비앙시(Françoise Bianchi)에게 감사한다. 그녀가 없었다면 이 책은 나오지 못했을 것이다. 비앙시는 지금 이 판본을 위해 텍스트들을 재검토하고 개편했으며 부분적으로 수정했다.

1 맹목적 지성

1. E. Morin, *La méthode*, 제1권, 제2권, Paris, Le Seuil, 1977-1980. 개정판, coll. "Points", Le Seuil, 1981-1985.

2. E. Morin, *Science avec conscience*, Paris, Fayard, 1982. 개정판, coll. "Points", Le Seuil, 1990, pp. 304-309.

3. 그럼에도 불구하고 바슐라르의 과학철학은 단순함은 존재하지 않는다는 것, 즉 오직 단순화된 것만 존재할 뿐이라는 것을 발견했다. 과학은 복잡한 환경에서 대상을 뽑아내면서 그것을 복잡하지 않은 실험적 상황에 두기 위해 대상을 구축한다. 과학은 단순한 세계의 연구가 아니라, 몇몇 고유성, 즉 몇몇 법칙을 끌어내기 위해 필요한 사실발견적인 단순화이다.
마르크스주의 철학자 게오르크 루카치는 노후에 자기 자신의 독단적 사고방식을 비판하면서 다음과 같이 말했다. "복잡한 것은 존재하는 제1차 요소로서 인식되어야 한다. 그 사실로부터, 복잡한 것으로서 복잡한 것을 검토하고 그 다음에 복잡한 것을 그것의 요소들과 기초적 과정들로 넘겨야 한다는 결론이 나온다."

2 복잡한 구상과 계획

1. Cf. J.-L. Le Moigne, *La théorie du système général*, PUF, édition 1990; cf. 그 외에도 (J.-L. Le Moigne가 서문을 쓴) *Revue internationale de systémique*, 2, 90 특집호 "Systémique de la complexité".

2. M. Maruyama, *Paradigmatology, and its application to cross-disciplinary, cross-professional and cross-cultural communication*, Cybernetika, 17, 1974, pp. 136-156, 27-51.

3. 어쨌거나 기술주의는 그 화려함 덕분에 유용했다. 로마 클럽의 요청으로 《성장의 한계》라는 연구 보고서를 작성한 미국의 경제학자인 데니스 메도스(Dennis Meadows)의 체계적인 연구는 "**지구는 생물계로 열려 있는 시스템**"이고 다양한 경보를 보내며 의식화를 촉구한다는 생각을 도입했다. 하지만 이 성공적인 시스템주의는 모수(母數)와 변수의 선택이 작위적이고, 계산의 가짜 정확성과 "기술주의적" 단순화라는 나쁜 측면이 있다.

4. J. Piaget, *Biologie et connaissance*, Paris, Gallimard, 1967.

5. J. Schlanger, *Les métaphores de l'organisme*, Paris, Vrin, 1971, p. 35.

6. J. von Neumann, *Theory of Self-Reproducing Automata*, 1966, University of Illinois Press, Urbana.

7. 그 당시의 유일한 이상은 시스템 속에서 영구적으로 상호작용하는 변수들을 각각 분리해 다루는 것이지, 영구적인 상호작용을 자세히 고려하는 것이 결코 아니었다. 마찬가지로 현상에 밀착된 순진한 연구는 뇌가 아주 작은 운전자가 조종하는 통계적 불도저에 관한 과장된 양적 연구보다 역설적이게도

훨씬 더 복잡하고, 다시 말해 결국은 '과학적'이다. 노골적으로 말하자면 현상에 관한 내 연구들, 예컨대 브르타뉴의 한 코뮌(commune(프랑스 최소 행정 단위))안의 다차원적인 사회변화의 복잡성이나 1968년 5월 사건의 갈래를 현장에서 파악하려 했던 연구들이 바로 복잡하고 과학적이었다. 나는 현상의 다양한 측면을 밝히고자 애쓰고 유동적인 관계들을 파악하고자 애쓰는 연구 방법을 사용했다. 연결하기란 이론 수준에서조차 인식론적으로나 논리적으로 엄폐되고 방어된 이론들보다, 그리고 실재의 복잡성을 제외한 모든 것에 맞서는 데 방법론적으로 적합한 이론보다 적용 범위가 더 넓은 방법이다.

8. G. Günther, "Cybernetical Ontology And Transjunctional Operations" in Yovitz, Jacobi, Goldstein ed., *Self-organizing Systems*, Spartan Books, Washington, 1960, p. 331.

9. G. Günther, *op. cit.*, p. 383.

10. *Ibid.*, p. 351.

11. E. Schrödinger, *Mind and Matter*, Cambridge University Press, 1959, p. 52.

12. *Ibid.*, p. 64.

13. N. Bohr, *Lumière et vie*, Congrès international de thérapie par la lumière, 1932.

14. 하지만 동시에 객관적, 형이상학적 틀을 부수어야 한다. 이 틀 속에서 우연은 부조리이고 관찰자와 관찰, 주체와 대상, 시스템과 환경 시스템 관계의 수준으로 넘어간다. 이 속에서 사람들은 언제나 우연, 즉 결정과 예측 속의 벌어진 상태에 맞닥뜨린다.(E. Morin, "L'événement sphynx", *Communications: l' Événement*, 18, 1972.)

3 복잡성 패러다임

1. J. Jaynes, *The Origine of Consciousness in the Breakdown of bicameral Mind*,

Boston, Houghton Mifflin, 1976.

2. L. Wittgenstein, "Remarques sur le *Rameau d'or* de Frazer", *Actes de la recherche en sciences sociales*, 16, sept. 1977, pp. 35-42.

6 복잡성 인식론

1. Paris, Fayard, 1982. 수정 재판, Points, Le Seuil, 1990.

2. E. Morin, *La méthode*, 제1권, *La nature de la nautre*, Paris, Seuil, 1980.

3. E. Morin, *La méthode*, 제2권, *La vie de la vie, op. cit.*

4. *Science avec conscience, op. cit.*

5. E. Morin, *La méthode*, 제2권, *La vie de la vie, op. cit.*

6. E. Morin, *La méthode*, 제1권, *La nature de la nature*, Paris, Seuil, 1977.

7. E. Morin, *La méthode*, 제1권, *La nature de la nature, op. cit.*

8. E. Morin, *Science avec conscience*, nouvelle édition, coll. Points, 1990.

9. E. Morin, *La méthode, op. cit.*

10. J. Piaget, *Logique et connaissance scientifique*, Paris, Gallimard, 1967.

11. E. Morin, *L'homme et la mort*, Paris, Le Seuil, 개정판, coll. Points, 1976.

12. E. Morin, *Le cinéma ou l'homme imaginaire*, Paris, Minuit, 개정판, 1978.

13. E. Morin, *Le paradigme perdu: la nature humaine*, Paris, Seuil, 1979.

옮긴이의 글
복잡성 패러다임과 복잡성 윤리

에드가 모랭은 1960년대에 라틴아메리카에 머무르면서 사회과
학대학에서 가르쳤고, 1969년 샌디에이고 솔크 연구소(Institut Salk)
에 초청되기도 했다. 거기서 《우연과 필연》의 저자인 프랑스 분
자생물학자 자크 모노를 만나 복잡성 사고라는 새로운 착상을
얻었고, 이는 《방법》 시리즈로 구체화되었다. 그의 사유에서 핵
심적인 위치를 차지하는 '복잡성 패러다임'은 오늘날 온갖 위기
를 초래한 환원하고 분리하고 단순화하는 근대 이성을 비판한
다. 그리고 그 대안으로 반(反)이성을 제시하는 또 하나의 단순한
방식을 채택하지 않고 복잡한 대안을 제시한다.

'복잡하다(complexe)'는 말의 어원인 복합체(complexus)는 원래
'함께 직조된 것'을 의미했다. 복잡성 패러다임은 외부 세계와
인간 정신이 함께 작동하며 구성하는 다차원적인 현실, 경제
적 · 정치적 · 사회적 · 심리적 · 영적인 것들이 서로 분리될 수

없는 상태로 직조되어 구성된 현실을 해석해내려 한다. 즉 복잡한 현실을 복잡한 방식으로 보는 패러다임이다.

사실 근대 과학의 발전은 복잡성과 애매모호함을 제거하고 단순성과 명료함을 추구하면서 발전했다. 그런데 문제는 이 과정이 어떤 측면에서는 지나치게 폭력적이었고 인간을 맹목적으로 만들었다는 사실이다. 거대하고 복잡한 현실을 협소하고 단순한 틀 속에 집어넣고 공식화하고 절단하는 이것이야말로 근대 이성의 폭력이다. 모랭은 이러한 지식의 맹목성과 폭력을 비판하면서 이성의 오류와 착각, 맹목의 원인을 찾아내려 한다.

모랭은 특히 합리성과 합리화를 구분하면서 합리화를 경계해야 한다고 주장한다. 합리성이란 개방적인 것으로, 비합리적이거나 애매모호한 것과 협상하며, 자기비판적인 특성을 가진다. 따라서 합리성은 논리의 한계와 결정주의의 한계, 기계론의 한계를 잘 알고 있다. 또한 인간 정신이 전지전능하지 않을뿐더러 현실이 미스터리를 내포하고 있다는 점을 알고 있다. 반면 합리화는 폐쇄적인 것으로, 자신에게 저항하는 현실과 대화할 줄 모르고, 기계론적이고 결정론적 모델에 지배되며, 존재와 주관성, 감성, 삶을 무시하는 합리주의로 귀착된다. 합리화는 합리성과 동일한 원천에서 출발하지만, 오류와 착각을 일으키는 주요한 원인이다.

모랭은 우리가 속한 사회를 "전지구적 철기시대", "인간 정신의 선사시대", "사유의 야만 시대"라고 진단한다. 최첨단 과학과 문명의 시대를 철기시대, 선사시대라고 표현하다니 도무지 받아들일 수 없다고 할 수도 있겠지만, 우리 시대에 드러나는 공격성, 믿을 수 없을 정도의 인간 정신의 마비와 무관심, 통제되지 않는 과학, 예측 불가능한 환경 등 문명(화)과는 너무나 거리가 먼 조건들을 고려하면 수긍할 만하다. 근현대사를 돌이켜보면 우리가 얼마나 야만적이고 문명화하지 않았는지를 쉽게 알 수 있다.

17~18세기 이성을 인간과 세계 인식의 유일한 수단으로 간주했던 계몽주의는 비합리적인 정치·사회 체제를 몰아내고 합리적으로 사고하는 사람들로 이루어진 행복한 사회의 도래를 기대했지만, 일련의 유혈 혁명을 겪으면서 사람들은 이성의 불합리한 측면에 환멸하고 불신하기 시작했다. 그리고 20세기는 의식 없는 과학의 발전, 인식의 오류와 착각이 엄청난 고통과 과오를 초래한 시기이다. 인간이 겪을 수 있는 최대의 악을 단시간에 경험한 사람들은 과학과 도덕, 이성을 의심하게 되었고, 세계와 인간 인식의 중요성을 다시 한번 확인했다. 우리가 살고 있는 세계에서도 이른바 합리적인 해결 방안들이 일으킨 재앙을 쉽게 찾아볼 수 있다. 발전이라는 명목 아래 지구 곳곳에서 '합리적인' 방식으로 엄청난 자연이 훼손되었고, 그 결과 물 수급 불균형 현

상, 오존층 파괴, 대지의 사막화 등이 발생했다. 또한 생산량을 극대화하기 위해 '합리적으로' 채택된 대량의 비료와 살충제 사용으로 토지는 척박해지고 종들 간의 조절 메커니즘이 파괴되어 버렸다. '합리적인' 도시계획과 평화를 위한다는 '합리적인' 합의를 통해 수많은 사람이 집을 잃었고, 세계 곳곳에서 전쟁이 벌어지는 시대에 우리는 과연 합리적으로 사고하고, 합리적으로 결정한다고 할 수 있을까?

진정한 이성과 문명(화)이란 개방적이고 합리적이며 (자기)비판적이고 성찰적이면서 끝없이 자기개혁을 해나가는 이론들로 무장한 상태일 것이다. 자기 안에 갇힌 이성은 바로 광기이다. 우리의 일상생활 속에서도 이런 합리화의 집착을 찾아볼 수 있는데 편집광이 그 한 예이다.

편집광이란 상식을 벗어난 합리화의 흔한 형태이다. 예를 들어 당신이 당신을 이상하게 쳐다보는 누군가를 본다고 하자. 만일 당신이 약간 편집광적인 사람이라면 당신은 그 사람이 당신을 미행하는 간첩이라고 가정할 것이다. 따라서 당신은 사람들을 간첩이라고 의심하면서 쳐다보고, 그 사람들은 당신의 이상한 시선을 느끼면서 점점 당신을 이상하게 쳐다볼 것이다. 결국 당신은 합리적으로 점점 더 많은 간첩들에게 둘러싸이게 된다.(본문 108쪽)

모랭에 따르면 우리 각자의 정신에는 자기 자신을 속일 가능성이 존재하며 이는 끝없이 착각과 오류를 불러일으킨다. 예컨대 우리의 기억은 그 자체가 엄청난 오류의 원인이 되는데, 가끔 자신이 경험했다고 확신하는 가짜 기억과 결코 자신이 경험하지 않았다고 확신하는 억압된 기억도 있다. 그리고 자기 속에 갇혀서 자신의 진리성을 절대적으로 확신하면서 자신의 오류를 비판하는 일체의 공격에도 끄떡하지 않는 맹신이 있다.

이러한 배타적이고 편협하며 맹목적인 지식은 정형화한 인식 틀, 검증 과정을 거치지 않고 통용되는 관념, 일체의 논박도 없는 만장일치의 우매한 신앙, 반론의 여지를 주지 않는 부조리, 이론 상 명증하다는 이유로 자명한 현실의 이치들을 거부하는 등의 결과를 낳는다. 이런 조건 속에서는 순응주의적 인식과 순응주의적 지식만 남는다(에드가 모랭 지음, 고영림 옮김, 《미래의 교육에 반드시 필요한 7가지 원칙》, 당대, 2001, 41~42쪽). 하지만 우리는 바로 이성을 통해 이런 광기와 순응주의, 편집광에 맞서 싸운다. 여기서 모순이 발생한다. 즉 우리는 이성과 관념의 신격화에 대항해 싸워야 하지만, 이성과 관념의 도움을 받을 때에만 비로소 싸움에 나설 수 있다는 것이다. 합리화와 관념론에 저항하는 합리성과 이성은 논리적 망상과 편협함을 교정하고 경험적 세계와 끊임없이 소통하며 자기비판적인 확장된 형태의 이성이어야 할 것이다.

그 어느 때보다 복잡해진 시대에 우리는 합리성과 합리화의 경계에 끊임없이 주의하며 (근대 이성에 의해 배제되었던) 신화와 무의식, 상상의 영역, 존재의 주관성, 감성을 제대로 탐구하기 위해 이성을 새롭게 발전시켜야 한다. 바슐라르는 인간의 삶은 이성의 합리성과 과학의 명증함만으로는 충분치 못함을 깨달으며 상상력과 미학의 영역에 대한 성찰이 필수임을 간파하고 다음과 같이 이야기했다.

과학 교육에서 철학 교육으로 옮겨왔건만, 나는 완전히 행복하지는 못했습니다. 그래서 나는 그 불만족의 이유를 곰곰이 생각해보았지요. 어느 날 디종에서 한 학생이 나의 '살균된 세계'를 상기시켜주었습니다. 그건 하나의 계시였어요. 사람은 살균된 세계 속에서는 행복할 수 없는 법이지요. 그 세계에 생명을 이끌어 들이기 위해서는 미생물, 세균들을 들끓게 해야 했습니다. 상상력을 회복시키고, 시를 발견해야 했던 거지요.(송태현,《상상력의 위대한 모험가들》, 살림, 2005, 16쪽에서 재인용)

인간의 사회와 삶은 결코 전적으로 합리적이고 계약적인 방식으로 정의되진 않는다. 인력과 척력, 감정과 열정으로 구성된 하나의 복잡한 과정을 거쳐 만들어졌기 때문이다. 이를 우리는 '공

통감(cum-sensualis)'이라는 본래의 의미를 회복시켜 '미학(aisthésis)'
적이라고 표현할 수 있을 텐데, 즉 우리 눈앞에서 만들어지는 감
정의 합의, 격앙된 감각의 소통, 마술과 신화, 상상력 등의 공통
특징이라 할 '함께 느끼고 함께 전율함'은 여전히 우리 사회의
일부로 존재한다. 우리가 이런 부분을 이성의 이름으로 계속해
서 무시하고 억누르고 배제한다면 복잡성 사고로 이행하기는 여
전히 어려울 것이다.

───────

단순성 패러다임은 현상과 사건, 인간의 맥락과 총체성, 다차원
성과 복합성, 현상에 개입하는 우연성 등을 제대로 읽어내지 못
한다. 지나친 전문화에 따른 분과 학문들의 단순성은 대상의 한
가지 측면만 고려함으로써 그것이 위치하는 총체적인 맥락 속에
서 문제를 제기하지 못하는 경향이 있다. 이 속에서 전체의 의미
는 파편화되고 개별 정보와 사건은 분절된다.

  자연·사회 현상과 인간 행위의 복잡성을 복잡한 그대로 보려
는 복잡성 사고는 필연적으로 학문 간의 통합, 통섭에 대한 요구
로 이어진다. 당연한 말이겠지만 이러한 분과 학문들 간의 통합
이 복잡한 조직 현상들을 단순한 수준으로 환원시키며 통합하는

것을 의미한다면 실패로 끝날 것이고, 오직 통일성과 다양성, 지속과 단절을 동시에 이해할 수 있을 때에만 의미가 있을 것이다. 모랭이 지적했듯이 물리학, 생물학, 인류학 등이 근본주의를 지향하는 물리학주의, 생물학주의, 인류학주의를 무력하게 만들면서 자기 정체성을 상실하지는 않은 채 통합되는 방안을 찾아야 할 것이다(본문 78쪽). 예컨대 경제학자들이 경제학의 한정된 영역에만 머물러 있다면 지금의 복잡한 세계 속의 주식 변동과 통화 대란을 제대로 해석해내거나 경제 흐름을 예측해내지 못할 것이다. 왜냐하면 경제적인 측면은 사회적, 역사적, 정치적, 심리적, 기술적인 조건들과 밀접하게 연관되어 있기 때문이다. 인문학, 사회과학, 자연과학, 공학 등으로 분절된 분과 학문은 사실 대단히 한정된 진리(혹은 해석)만을 가지게 되며, 이는 각 영역 간 관점의 충돌과 갈등, 경청과 인내를 통해서만 상호보완, 수정, 발전 될 수 있다.

지구 나이를 추정하는 문제가 주어졌을 때, 켈빈은 물리학의 관점에서, 다윈은 생물학의 관점에서 그 문제의 해결에 접근했다. 그런데 에너지 자원과 열역학 법칙들에 의거하여 계산한 켈빈과 생명체의 진화에 걸리는 시간을 고려하여 계산한 다윈의 결과는 10배 이상이나 차이가 났고, 두 사람은 이 상황에 '심란해'했다. 즉 물리학과 생물학이 방사능, 즉 켈빈이 알지 못했던 에너지 자원의 발견으로 다시 한번 통섭할 때까지, 이 두 사람은 편히 쉬지 못했던 것이다. 과학과 인문학의 통섭·융합에 대한 연구를 진행하는 에드워드 슬링거랜드(Edward Slingerland)는 이 일화를 "고차원의 설명, 즉 생물학에서의 발견이 물리지질학이라는 저차원의 설명 재조직을 유발한" 사례로 보고, "이것은 일단 인문학자와 과학자 간에 쌍방향 소통이 정말 일어나면, 문학자와 인지신경과학자가 제출한 예상들에서 발견되는 모순들은 인지신경과학을 수정하게 할지도 모른다는 점을 보여준다"고 말했다(강내희, 〈학문의 비환원주의적 '통섭'을 위한 초분과적 기획과 문화연구〉, 2010, 미간행에서 재인용).

통합학문이 오늘날 학문의 주요 형식이라는 데는 이견이 없을 것이다. 지금까지 지배적인 학문편제 방식으로 군림하던 분과적 종합이라는 방식이 조금씩 허물어지고, 분과 학문 간의 공동연구가 추진된 지는 이미 오래되었다. 학제간 연구, 통섭, 통합, 융합 학문에 대한 관심이 높아지는 이 경향은 거스르기 힘든 대세라고 할 수 있을 텐데 문제는 이것을 인지하면서 지식을 어떻게 편성하느냐 하는 것이다. 물론 여기서 새로운 지식의 통합이 어떤 형태를 띠어야 하는지 쉽게 제시할 수는 없다. 다만 1979년 에스파냐 코르도바에서 있었던 학술대회를 살펴봄으로써 통합

학문을 향해 가는 한 가지 여정을 소개하고자 한다. 이 대회의 제목은 '과학과 의식'이었는데, 5일 동안 전 세계에서 온 60여 명의 과학자, 인문학자들(여기에는 데이비드 봄, 올리비에 코스타 드 보르가르, 허버트 리브스 등의 물리학자들과 질베르 뒤랑 등의 인문사회과학자들이 포함되었다)이 과학과 정신성에 대해 토론했다. 코르도바가 학술대회 장소로 선택된 것은 우연이 아니었다. 이 도시에서는 아리스토텔레스의 저작을 히브리어와 라틴어로 번역하고 주석을 달아 중세 유럽에 전한 이븐 루슈드(Ibn Rushd)가 활약했던 곳이다. 이븐 루슈드에 의해 서구는 신비적인 종교와 정신성에서 벗어나 합리적이고 논리적인 (그리고 단순한) 세계 인식에 몰두하게 되었다. 따라서 이 도시는 동양과 서양, 합리성과 비합리성(종교, 신비주의)이 분열되고 단순성 패러다임이 부흥한 상징적 장소인 것이다. 이 학술대회는 그후 여러 차례 이어졌고, 1986년 베네치아 모임에서 '베네치아 선언문'으로 결실을 맺는데, 이 선언문은 가장 발전된 형태의 (정밀)과학과 정신성을 결합하려는 이들에게 흥미로운 내용들로 가득 차 있다. 주된 내용은 기계적 결정론 비판, 실증주의와 허무주의 비판, 과학과 의식의 상보성, 정밀과학과 인문과학 간 학제간 연구의 필요성, 예술과 전통의 결합, 총체화하려는 기획 비판 및 폐쇄된 사유 시스템 거부 등이다. 이는 교육의 근본적 개혁에 대한 요청, 연구 발의 및 연구 결과의 적용 과정에서 과학자들의 책임감 고취, 의식 있는 과학에 대한 촉구 등으로 이어졌다.

―――――

지금까지의 논의를 요약해보자면, 인간과 세계의 복잡성을 '있는 그대로' 인식하기 위해 우리는 자연스레 복잡성 사고의 패러다임을 요청하게 되었다. 다시 말해 이 복잡성 사고의 패러다임은 결국 세계와 인간의 복잡성을 '있는 그대로' 인식하기 위한 것인데, 있는 그대로 인식한다는 것은 무엇일까? 이는 무엇보다도 우선 이성으로 환원되지 않는 세계의 복잡한 영역, 예컨대 상상과 무의식, 감각적인 것을 수용하는 것이다. 그리고 인간의 복잡성, 즉 인간은 사고하는 호모 사피엔스(homo sapiens)이기도 하지만 꿈꾸며 미친 호모 데멘스(homo demens)이기도 하다는 점을 인식하는 것이다. 인간은 이성적이고 의식이 있고 창조적이지만 동시에 비이성적이고 무의식적이며 통제되지 않고 파괴적이다. 인간은 객관적이고 논리적이고 경험적인 사유 체계를 가지고 있지만 동시에 주관적이고 환상적이며 마법적인 사유 체계를 가지고 있기도 하다(E. Morin, *Le paradigme perdu; la nature humaine*, Paris, Ed. du Seuil, pp. 125-126).

모랭이 분명하게 말했듯 "삶은 하나의 실체가 아니라, 자율성을 생산해내는 극단적으로 복잡한 자기환경조직 현상임이 분명하다"(본문 21쪽). 이러한 사실의 수용은 모랭에게서 '복잡성 윤리'에 대한 성찰로 이어진다(모랭의 《방법》 시리즈 중 가장 마지막인 제6권의 제목은 《윤리》이다). 모랭은 복잡성 윤리를 도덕의 원칙과 근본을 성찰하는 것이라고 이해한다. 도덕이란 단순한 것으로서 선/악, 정의/부정의 등의 이분법적 코드에 흔히 종속되어 있지만, 윤리는 복잡한 것으로서 선이 악을, 악이 선을 품을 수 있고, 정의가 부정의를, 부정의가 정의를 포함할 수 있다는 것을 인식한다. 인간의 활동은 결코 단순하지도 명백하지도 않고 오히려 우연적이고 불확실하다. 따라서 복잡성 윤리가 요청되는데, 이는 도덕주의와 허무주의를 넘어서고, 삶·사회·개인 속에 도덕적 정언명령을 세우겠다는 전통적인 주장을 거부하며 삶 속의 원천을 갱생할 방법을 모색한다. 이 윤리는 개인 ↔ 사회 ↔ 인류의 관계로 이루어진 인간과 세계의 조건을 고려함으로써 윤리와 정치, 윤리와 과학의 복잡한 문제를 해결할 것을 제안한다.

―――――

짧은 책이었지만 번역이 쉽지는 않았다. 옮긴이의 능력 밖에 있는 다양한 자연과학, 공학 관련 용어와 인명 작업이 큰 숙제였다. 하지만 이 어려움을 통해 모랭이 강조하는 분과 학문의 전문성이 가지는 한계와 학제간 연구의 필요성을 구체적으로 느낄수 있었다. 이 책을 번역할 수 있는 기회를 준 부산대학교 한국민족문화연구소와 출판 마무리 작업을 해준 에코리브르에 감사의 말을 전한다. 단순성 사고에 갈증을 느끼는 연구자들에게 조금이나마 도움이 되길 바란다.

신지은

〈로컬리티 번역총서〉를 펴내며

로컬리티의 인문학 연구단에서 번역총서를 내놓는다. 〈로컬리티 번역총서〉는 고전적·인문학적 사유를 비롯해서, 탈근대와 전지구화의 관점에서 해석되는 로컬리티에 대한 동서양의 다양한 논의를 담고 있다. 로컬리티 연구는 동서양을 막론하고 학문적 교차점, 접점, 소통성을 확보하는 것이 중요한 과제다. 이러한 의미에서 본 연구단에서는 장기적인 계획 아래, 로컬리티 연구와 관련한 중요 저작과 최근의 논의를 담은 동서양의 관련 서적 번역을 기획했다. 이를 통하여 로컬리티와 인문학 연구를 심화하고 동시에 이를 외부에 확산시킴으로써 로컬리티 연구의 저변을 확대하고자 한다.

우리가 로컬리티에 천착하게 된 것은 그동안 국가 중심의 사고 속에 로컬을 주변부로 규정하며 소홀히 여긴 데 대한 반성적 성찰의 요구 때문이기도 하다. 오늘날 로컬은 초국적 자본과 전지구적 문화의 위세에 짓눌려 제1세계라는 중심에 의해 또다시 소외당하거나 배제됨으로써 고유의 정체성을 잃어가고 있다. 반면에, 전 지구화 시대를 맞아 국가성이 약화되면서 로컬은 또 새롭게 거듭나고 있다. 그동안 국가 중심주의의 그늘에 가려졌던 로컬 고유의 특성을 재발견하고 전 지구화에 능동적으로 대처하는, 이른바 로컬 주체의 형성과 로컬 이니셔티브(local initiative)의 실현을 위해 부단한 노력을 기울이는 모습들이 속속 드러나고 있다.

이제 로컬의 현상들을 파악하기 위해 기존의 지역 논의와 다른 새로운 사고가 절실히 필요하다. 지금까지 지역과 지역성 논의는 장소가 지닌 다양성과 고유성을 기존의 개념적 범주에 맞춤으로써 로컬의 본질을 왜곡하거나 내재된 복합성을 단순화하는 오류를 범했다. 이에 우리는 로컬을 새로운 인식과 공간의 단위로서 재정립해야 할 필요성을 다시 확인하며, 로컬의 역동성과 고유성을 드러내줄 로컬리티 연구를 희망한다.

〈로컬리티 번역총서〉는 현재 공간, 장소, 인간, 로컬 지식, 글로벌, 로컬, 경계, 혼종성, 이동성 등 아젠다와 관련한 주제를 일차적으로 포함했다. 향후 로컬리티 연구가 진행되면서 번역총서의 폭과 깊이는 더욱 넓어지고 깊어질 것이다. 번역이 태생적으로 안고 있는 잡종성이야말로 로컬의 속성과 닮아 있다. 이 잡종성은 이곳과 저곳, 그때와 이때, 나와 너의 목소리가 소통하는 가운데 새로운 생성의 지대를 탄생시킬 것이다.

우리가 번역총서를 기획하면서 염두에 둔 것이 바로 소통과 창생의 지대이다. 우리는 〈로컬리티 번역총서〉가 연구자들에게 로컬리티 연구에 대한 기반을 제공해줌으로써 학제간의 경계를 넘나드는 심화된 통섭적 연구가 이루어지고, 나아가 '로컬리티의 인문학(locality and humanities)'의 이념이 널리 확산되기를 바란다.

부산대학교 한국민족문화연구소

(HK)로컬리티의인문학 연구단